Claude-Antoine Thory

Les sociétés secrètes des femmes

ou

Fragment sur les Réunions secrètes des Femmes

Extrait de
HISTOIRE
DE LA FONDATION
DU GRAND ORIENT DE FRANCE.
TROISIÈME PARTIE

Copyright © 2022 by Culturea
Édition : Culturea 34980 (Hérault)
Impression : BOD - In de Tarpen 42, Norderstedt (Allemagne)
ISBN : 9782385080211
Dépôt légal : août 2022

PRÉLIMINAIRE

Presque toujours les femmes ont été admises dans les secrets des sectes nombreuses qui se sont montrées à diverses époques. Les fondateurs pensaient que leur influence pouvait être utile à la propagation de leur doctrine. L'expérience a prouvé que ces calculs étaient justes. En effet, les femmes ont souvent été les apôtres les plus zélés des systèmes religieux ou profanes de ces diverses sectes. On sait que, plus d'une fois, les tourments et les supplices ne purent vaincre leur résistance, ni leur faire abjurer les opinions qu'elles avaient embrassées.

L'antiquité nous les présente comme remplissant des fonctions sacerdotales dans la Grèce, dans l'Égypte et dans les Gaules. On sait qu'en Orient, elles étaient admises aux mystères, et qu'en Occident elles furent, avant le règne des druides, les dépositaires souveraines du gouvernement théocratique et les prêtresses des plus voluptueuses initiations.

Dans les premiers temps de la religion chrétienne, elles n'influèrent pas peu sur l'introduction de la morale à l'aide de ses dogmes ; elles entraînèrent leurs maris, leurs enfants, et contribuèrent pour beaucoup à la destruction de ce qu'on appelait le paganisme.

On voit Sainte Monique gagner son mari Patrice et élever son fils Augustin dans la religion chrétienne ; sainte Clotilde y entraîner le roi Clovis ; sainte Pulchérie, son frère Théodose le jeune, empereur d'Occident ; sainte Félicité recevoir la mort avec joie, et solliciter elle-même celle de ses sept enfants pour les soustraire à la croyance des Gentils ; enfin, une multitude d'autres montrer un courage et une persévérance au-dessus de leur sexe [1].

---

[1] «Les feux (dit Florimond de Raymond) étoient allumés partout. L'opiniâtre résolution de ceux qu'on traînoit au gibet, auxquels on voyoit plutôt emporter la vie que le courage, en étonnoit plusieurs car, comme ils voyoient les simples femmelettes chercher les tourmens pour faire épreuve de leur foi et, allant à la mort, ne crier que le Christ, le Sauveur, chanter quelques psaumes ; les jeunes vierges marcher plus gaiement au supplice qu'elles n'eussent fait au lit nuptial ; les hommes se réjouir voyant les terribles et effroyables apprêts et autels de mort qu'on leur avoit préparés ; et, demi-brûlés et rôtis, contempler du haut des bûchers, d'un courage invaincu, les coups des tenailles reçus, porter un visage et un maintien joyeux entre les crochets des bourreaux ; être comme des rochers contre les ondes de la douleur ; bref, mourir en riant. Ces tristes et constants spectacles jettoient quelque trouble, non seulement en l'âme des simples, mais même des plus grands ; ne se pouvant la plupart, persuader que ces gens n'eussent la raison de leur côté, puisqu'au prix de leur vie ils la maintenoient avec tant de fermeté. Il arrivoit

Les sectes qui s'élevèrent contre le christianisme ont aussi trouvé en elles des apôtres et des martyrs : on en rencontre la preuve chez les Adamites, les Dormans, les Dulcinistes, les Gnostiques, les Picards, les Turlupins, les Valentiniens, les partisans de Guillemette de Bohême, ceux de Marguerite Perrette, etc. Les hommes font les hérésies, les femmes leur donnent cœurs et les rendent immortelles, a dit le père d'Arigny.

Des causes politiques ont souvent prêté aux femmes un courage surnaturel ; elles ont montré une valeur militaire peu commune à Beauvais, à Albe Royale, à Agraria et ailleurs. L'ordre de la Hache a été institué par Raymond Bélanger, dernier comte de Barcelone, pour récompenser la valeur des femmes catalanes. En Espagne, il y avait des chevalières de l'Ordre de Saint-Jean de Jérusalem ; on y voyait aussi des chevalières de Saint-Jacques de l'Épée et de Calatrawa[2].

Les Francs-Maçons n'ont pas cru devoir, dans ces temps modernes, exclure les femmes de leurs assemblées. En cela ils n'avaient pas pour motif, comme les sectes dont nous avons parlé, d'instituer un apostolat, mais seulement de faire partager leurs plaisirs à cette belle moitié du genre humain.

Les Loges d'adoption ne sont point usitées chez les Anglais ; au moins, leurs ouvrages et les voyageurs n'en font aucune mention. Ce peuple, pour lequel l'institution maçonnique est une sorte de culte, eût craint de compromettre les secrets de la confraternité en y admettant des femmes. On trouve des traces de réunions de ce genre dans l'histoire de l'Ordre en Allemagne, en Suède, en Russie et dans la Hollande ; on pourrait même croire qu'en général les Francs-Maçons de tous les pays ont admis les personnes du sexe dans les Loges, sous des formes secrètes qu'on pourrait comparer, quoique sous des rapports éloignés, à celles de la Franche-Maçonnerie ; mais que ces réunions éphémères, qui n'offraient que l'intérêt du moment, celui d'une assemblée de plaisir, ne laissèrent aucune trace.

La Maçonnerie des femmes, comme celle des hommes, a eu ses rites divers ; le but principal de ces associations fut presque constamment le même dans toutes les Loges. Des bals, des concerts, des festins, des actes de bienfaisance, des rapports d'estime et d'affection forment généralement la base de leurs travaux. Un très petit nombre de ces sociétés s'est écarté de la route ordinaire.

---

de là que plusieurs personnes … finissoient par embrasser leurs sentiments. Ainsi, plus on en voyoit au feu, plus on en voyoit renaître de leurs cendres. » (Florimond de Raymond, De la naissance de l'hérésie ; liv. I, chap. 6, n° 3.) Voir Œuvres complètes de M. Freret. Londres, 1775 ; in-8°, tom. I, pag. 108.

[2] Dissertations historiques et critiques sur la Chevalerie ancienne ; par le P. Honoré de Sainte-Marie. L'Église a aussi des Diaconesses et des Chanoinesses.

Cagliostro institua à Paris, en 1782, une mère Loge de la Maçonnerie égyptienne d'adoption, à laquelle ce GRAND COPHTE prétendit donner un caractère sérieux en y introduisant des pratiques superstitieuses. Cet établissement n'eut qu'un succès médiocre ; heureusement, la mysticité qui accompagnait les cérémonies des grades ne fut pas longtemps du goût des Françaises, et ces assemblées, capables de rendre folles certaines têtes faibles, furent bientôt désertes.

De nos jours, quelques dames, honorées de noms illustres, se sont réunies sous des formes secrètes et ont formé, auprès de la Loge des Commandeurs du Mont-Thabor à Paris, une société sous le titre de Dames écossaises hospitalières. Quoique l'on n'y soit admis que sous des conditions particulières, néanmoins les formules d'initiation s'éloignent tellement de celles des Loges d'adoption proprement dites, qu'il est impossible de les confondre avec elles.

Aucun écrivain n'a encore entrepris de donner une histoire des sociétés secrètes des femmes réunies sous les formes maçonniques. On conçoit, en effet, la difficulté de traiter un sujet sur lequel rien n'est imprimé, si ce n'est quelques discours moraux et les listes des sœurs des diverses Loges. Aussi n'avons-nous pas l'intention de chercher à surmonter cette difficulté, en offrant des détails qu'on pourrait regarder comme vagues et sans liaison.

Nous nous sommes dit : La Maçonnerie d'adoption n'a aucun fondateur connu ; elle n'a ni corps représentatif, ni correspondance ; ses fastes ne peuvent donc offrir une suite de ces faits qui, liés ensemble, seraient susceptibles de composer une histoire.

Mais aussi, elle a eu des succès ou des revers dans tels pays, à telles époques. Ses rites, ses cérémonies ont eu des motifs plus ou moins curieux ; ils présentent des singularités remarquables ; des actes éclatants de philanthropie sont émanés de ces associations ; nous avons rassemblé beaucoup de matériaux sur ce sujet ; pourquoi ne les offririons-nous pas aux membres de l'Ordre ? Toutes ces sociétés ont des usages qui leur sont propres ; une notice séparée sur chacune d'elles paraîtra peut-être piquante et curieuse sous beaucoup de rapports.

C'est d'après ce plan que nous allons donner quelques détails sur les réunions dans lesquelles les femmes sont admises avec des formes mystérieuses. Nous ne suivrons dans ce travail, aucun ordre chronologique ; nous le diviserons par paragraphes, chacun d'eux offrira le tableau d'une de ces sociétés, son esprit et ses pratiques, lorsqu'ils nous seront connus.

Voici les titres sommaires des sujets traités dans chaque paragraphe :

§ Ier. Des Mopses, des chevaliers et chevalières du Bouchon, et de quelques anciennes coteries, aujourd'hui oubliées.

§ II. De l'Ordre de la Félicité ou des Félicitaires.

§ III. De l'Ordre des chevaliers et chevalières de l'Ancre.

§ IV. De l'Ordre des chevaliers et nymphes de la Rose.

§ V. Du Rite d'Adoption, de l'Ordre des Fendeurs, etc.

§ VI. De l'Ordre des dames écossaises de l'Hospice du Mont-Thabor.

§ VII. De l'Ordre de la Persévérance.

§ VIII. De l'Ordre des chevaliers et dames Philochoréites, ou Amans du Plaisir.

§ IX. De la Maçonnerie égyptienne d'Adoption.

§ X. Notice sur l'Association des Compagnes de Pénélope.

§ IER DES MOPSES, DES CHEVALIERS ET CHEVALIÈRES DU BOUCHON, ET DE QUELQUES ANCIENNES COTERIES, AUJOURD'HUI OUBLIÉES.

L'association la plus ancienne qui se soit formée en Allemagne, en Maçonnerie d'imitation, est celle des Mopses. Les Loges ordinaires ayant été fermées en 1736, époque à laquelle parut la bulle du pape qui excommuniait les Francs-Maçons, les Allemands y substituèrent cette institution qui leur donnait les moyens de continuer leurs assemblées. Elle naquit à Vienne vers 1737, d'où elle se répandit en France et en Hollande, quelques-uns même disent en Angleterre ; mais nous n'en avons aucune preuve historique ou traditionnelle.

A l'imitation des Francs-Maçons, ses inventeurs dressèrent des statuts et composèrent des formules d'admission : les dames furent reçues dans les assemblées ; elles en devinrent le plus bel ornement.

Dans l'origine, les Mopses n'admettaient que des catholiques romains ; tel était au moins l'esprit de l'institution ; mais nous savons qu'ils se sont fort relâchés sur ce point. Ils ne font prêter à leurs récipiendaires d'autre serment que celui de ne point révéler les secrets des Mopses.

La société est gouvernée par deux Mopses ; l'un est un homme, l'autre est une femme. Des surveillants, des orateurs, des secrétaires dirigent les travaux de l'assemblée ; des fonctions analogues sont également attribuées aux dames.

Les réceptions sont toutes à peu près semblables à celles qui se pratiquent dans les Loges d'adoption, et selon les habitudes des pays dans lesquels cette espèce de coterie est implantée : la seule différence notable, c'est que, pendant le cours des cérémonies, un membre de la société prononce, de temps en temps, avec une voix sépulcrale, *Memento mori*, souviens-toi que tu es mortel. L'initiation se termine encore par une autre formule assez ridicule, qui consiste à faire baiser aux récipiendaires le derrière d'un chien doguin dont la queue est retroussée : on sait que ce chien est en cire, en carton ou en satin. Il est rare que les candidats se prêtent avec complaisance à cette cérémonie ; plus ils résistent, plus on insiste, et il en résulte des disputes et des contestations souvent très originales ; si le néophyte s'y refuse obstinément, le surveillant prend le doguin et l'approche de la bouche du récipiendaire, qui se trouve forcé de subir, malgré lui, cette burlesque épreuve.

Ces initiations sont suivies de fêtes, de bals et de festins, dans lesquels on se garde bien de s'assujettir au cérémonial ordinaire des banquets des Loges maçonniques.

Le grand-maître et les surveillants se servent d'un sifflet pour commander le silence, lorsqu'ils veulent se faire entendre.

Les Mopses ont cessé leurs assemblées depuis que la Franche-Maçonnerie a repris son rang et sa splendeur dans presque tous les états de l'Europe. On dit que cette institution a été l'occasion de querelles, même de duels entre des Francs-Maçons et des Mopses, auxquels ces premiers rappelaient quelquefois avec ironie le dernier acte de l'initiation, celui du derrière du doguin.

On a voulu faire entendre que ces assemblées servaient souvent de rendez-vous aux amans ; c'est une calomnie. Nous connaissons des personnes qui ont assisté à beaucoup de réunions de Mopses, qui assurent qu'il ne s'y est jamais rien passé de contraire à la décence, et que, si l'on y courtisait les belles, ce n'était qu'avec le platonisme le plus innocent.

Nous ne nous étendrons pas davantage sur l'Ordre des Mopses, parce que ses mystères ont été divulgués dans un écrit intitulé *le Secret des Mopses révélé*, imprimé à Amsterdam en 1745, in-12 ; on y trouvera de plus amples détails. On pourra consulter aussi *les Cérémonies religieuses* (tome I 10 de la nouvelle édition) ; on y lira un extrait de l'ouvrage que nous venons de citer.

Vers ce même temps, les motifs qui avaient fait composer aux Allemands les rituels des Mopses, firent introduire en Italie un Ordre qu'on appela des chevaliers et chevalières du Bouchon. Une des épreuves auxquelles on soumettait le candidat consistait à l'obliger de souffler dans un orifice que la décence ne permet pas de nommer ; on supposait que le grand-maître avait besoin de ce soulagement pour recouvrer la santé. On conçoit qu'il s'agissait seulement d'un simulacre en carton, circonstance ignorée du néophyte. Ces indécentes farces n'ont plus lieu. Le rituel et les secrets de l'Ordre du Bouchon nous ont été communiqués par un Maçon très instruit qui possède tous ses documents originaux ; mais ils ne méritent pas la peine d'en occuper le lecteur.

Nous passerons encore sous silence différents Ordres dans lesquels les dames n'étaient admises autrefois que pour embellir quelques fêtes ; de ce nombre sont l'Ordre de la Méduse, qui existait à Toulon ; celui de la Grappe, qui existait à Arles ; l'Ordre des Tancardins, qui était en honneur dans quelques provinces du Midi ; l'Ordre de la Ribalderie, institué à Paris en 1612 ; l'Ordre de la Boisson, fondé dans le bas Languedoc, en 1705, par M. de Posquières, qui en fut élu grand-maître sous le nom de frère François Réjouissant ; et d'autres encore.

Nous ne les considérons pas comme des sociétés secrètes, mais comme de simples coteries dans lesquelles les gens du bon ton se rassemblaient pour se livrer au plaisir de la table.

§ II. ORDRE DE LA FÉLICITÉ OU LES FÉLICITAIRES

L'Ordre des chevaliers et chevalières de la Félicité ou des Félicitaires fut établi à Paris par M. de Chambonnet. Le but allégorique de cette institution, calquée, à certains égards, sur la Franche-Maçonnerie, était un voyage à l'île de la Félicité. Ce voyage devait être fait par mer ; les chevaliers et chevalières devaient connaître à fond l'art de la navigation il en résultait que l'ordre était composé fictivement de marins et de frères et sœurs grands patrons et grandes patronnes.

Les villes dans lesquelles il existait des sociétés de la Félicité se nommaient des rades, et le lieu des assemblées particulières, des escadres.

Pour tenir escadre, il fallait la réunion de cinq membres. Pour entrer, on frappait deux coups, et jamais on n'était introduit sans que le visiteur ne fût questionné sur les planches de son vaisseau.

Trois qualités essentielles étaient exigées pour être reçu dans l'Ordre comme aspirant : de l'agrément dans l'esprit, de la douceur dans le caractère et des talents pour le service de la mer.

Le premier grade auquel on parvenait était celui de mousse ;

Le second, celui de patron ;

Le troisième, celui de chef d'escadre ;

Et le quatrième, celui de vice-amiral.

L'ordre était gouverné par plusieurs officiers ; savoir :

Un grand sondeur, des inspecteurs, des commissaires de marine. Il y avait aussi des officiers inférieurs qu'on appelait rameurs ; ceux du grade le moins élevé étaient appelés des paquebots. Les mousses faisaient le service intérieur des escadres et conduisaient les postulants.

Pour recevoir un chevalier ou une chevalière dans la société, il fallait être revêtu du grade de chef d'escadre.

Lorsque l'un d'eux avait été introduit comme postulant, sur le consentement de ce chef, on lui faisait tourner la tête du côté du nord et réciter l'oraison de Saint-Nicolas, patron de l'Ordre. La voici :

ORAISON À M. SAINT NICOLAS.

Toi, qui, dans l'horreur du naufrage,

Soutiens le cœur des matelots,
Toi, qui d'un mot calme l'orage
Et fais taire le bruit des flots,
Saint-Nicolas, sois favorable
Au zèle qui m'appelle à toi ;
Fais que ton scrutin redoutable
M'admette à vivre sous ta loi ;
Que, sur tes escadres brillantes,
Je serve et commande à mon tour ;
Qu'aux charges les plus importantes,
De rang en rang, je monte un jour ;
Que contre moi le fier Borée
Ne soulève jamais les mers,
Et que de l'île désirée
Je trouve tous les ports ouverts.

AINSI SOIT-IL.

Pendant cette prière, on faisait circuler une boîte de scrutin fermée à clef. Les votes terminés, le chef d'escadre conduisait le récipiendaire auprès de la boîte et la lui donnait à ouvrir ; lui-même jugeait de son sort ; une seule balotte noire suffisait pour l'exclure : lorsque le scrutin était favorable, toute l'escadre battait des mains et embrassait celui ou celle qui était admis à la réception ; car la cérémonie dont nous venons de rendre compte n'était qu'un préalable.

Le postulant présenté de nouveau, le chef d'escadre le faisait introduire, l'interrogeait sur les embarquements qu'il avait faits, pour juger de son expérience dans la navigation ; ensuite, avec le consentement de l'escadre, il lui faisait prêter le serment suivant :

« Je fais serment et je promets d'honneur de ne jamais révéler, sous quelque prétexte et en quelque manière que ce puisse être, aucun des secrets qui me seront confiés ; et (si c'était un homme qui était reçu) je consens, si je manque à ma parole, d'être regardé par mes frères comme un homme déshonoré ; (si c'était une dame, au lieu de cette phrase, on lui faisait dire) sous peine d'être livrée à la fureur des plus terribles matelots, si je manque à ma parole ».

Le chef d'escadre lui faisait ensuite promettre fidélité aux lois, règlements, statuts, etc. ; enfin, de ne jamais entreprendre le mouillage dans aucun port où il y aurait actuellement un vaisseau de l'Ordre à l'ancre.

Si c'était une dame qui était admise, on lui faisait promettre de ne point recevoir de vaisseau étranger dans son port, tant qu'il y aurait un vaisseau de l'Ordre à l'ancre.

Ces obligations prêtées, on admettait le candidat en lui donnant un coup d'épée sur l'épaule et ensuite l'accolade.

On lui attachait à la boutonnière un câble et une ancre, en ajoutant ces paroles :

Puisse votre ancre ne jamais dévier ! puisse St.-Nicolas vous conduire toujours droit au port !

Quand on recevait le serment d'une dame, elle était assise à la place du chef d'escadre qui se mettait à ses genoux ; elle avait la main droite sur son épaule, tandis qu'il posait la sienne sur l'épaule de la néophyte.

On leur lisait les statuts et formulaires, et on leur donnait les signes et mots de reconnaissance.

L'admission aux trois autres grades n'offre pas une différence assez notable pour que nous nous en occupions.

Le mot de mousse était *Chalom-Leka*. Les lettres de ce mot, prises séparément, sont les initiales des noms de plusieurs des bois qui étaient supposés entrer dans la construction des vaisseaux et des chaloupes destinés pour l'île de la Félicité.

C — Cèdre ou charme.
H — Hêtre.
A — Amandier, acajou.
L — Laurier.
O — Orme ou olivier.
M — Mûrier, marronier.
L — Liège.
E — Erable.
K — Kermès.
A — Abricotier.

Le patron avait pour mot de reconnaissance Felicitas, dans les lettres duquel on rencontre les initiales des noms des fleurs des parterres de l'île de la Félicité.

F — Fenouil.
E — Églantier.
L — Lys.
I — Jasmin.
C — Citronnelle, cinamomum.

I — Jacinthe, jonquille.
T — Tubéreuse.
A — Anémone ou amarante.
S — Souci.

Le mot de chef d'escadre était Masel. Les lettres de ce mot, prises séparément, sont les initiales des noms de quelques dieux de la fable.

M — Mars.
A — Amour.
S — Saturne.
E — Eole.
L — Lares.

Le mot du vice-amiral, qu'on appelait encore chef du tabernacle, était Erouach.

Les lettres de ce mot, prises aussi séparément, sont les initiales des noms de plusieurs personnages de la fable auxquels on donnait des allégories.

E — Erigone, la grappe de raisins.
R — Rhée, le globe terrestre.
O — Orythye, maîtresse de Borée, un vent favorable.
V — Vénus ou Uranie, une étoile.
A — Astrée, une balance.
C — Calliope, une lyre.
H — Hébé, une coupe.

Les chevaliers et chevalières de la Félicité devaient connaître tous ces mots ou emblèmes et y répondre pour être admis lorsqu'ils se présentaient pour visiter les escadres.

Tels sont les détails des mystères de l'Ordre de la Félicité. Nous ne nous appesantirons pas sur les équivoques que pourraient présenter quelques expressions du serment ou du rituel de cette société. Il est évident que ces réunions n'étaient que de pur agrément ; il est encore probable que les demoiselles étaient exclues des escadres, et qu'elles n'étaient reçues que dans les bals et concerts qui suivaient la manœuvre. On doit dire que cette société était composée de beaucoup de seigneurs et de dames distinguées, et qu'elle était au-dessus de tous les reproches ;

cependant elle fut l'objet d'une critique amère dirigée contre les Félicitaires en 1745, dans une brochure anonyme intitulée : Le moyen de monter au plus haut grade de la marine sans se mouiller[3], dans laquelle la calomnie verse ses venins sur l'institution. Cet écrit donna lieu à une réponse publiée à Paris en 1746, intitulée Apologie de la Félicité[4]. Dans cet écrit, les Félicitaires sont complètement disculpés de toutes les imputations odieuses qu'on chercha à répandre contre eux.

L'Ordre de la Félicité n'existe plus depuis longtemps ; ses escadres paraissent avoir été coulées bas par les Loges d'adoption qui s'introduisirent à sa suite.

Les statuts et les formulaires de cet Ordre ont été imprimés sous le titre de Formulaire en usage dans l'Ordre de la Félicité, etc., Paris 1745 in-12. Voyez encore l'Anthropophile, ou le secret et les mystères de l'Ordre de la Félicité dévoilés, etc., 1746, in-12.

---

[3] Paris, sans date ; in-12, 24 pages.
[4] Paris, 1746 ; in-12, 26 pages.

§ III. ORDRE DES CHEVALIERS ET
CHEVALIÈRES DE L'ANCRE

Une scission qui s'opéra en 1745, dans l'Ordre de la Félicité, donna lieu à la création de l'Ordre des chevaliers et des chevalières de l'Ancre. Il paraît que parmi l'immense quantité de personnes de tous états qui avaient été reçues dans l'Ordre de la félicité, il s'était introduit des gens d'une condition basse; qu'alors il s'y commit quelques excès, parce que la multitude s'était emparée du timon. Bientôt, dit un écrivain contemporain, la livrée parvint au grade suprême de chef d'escadre, et la grisette se nicha dans le tabernacle. La séparation devenait donc nécessaire.

Les chevaliers de l'Ancre et leurs dames conservèrent cependant les formules de la Félicité, à quelques variantes près. Leur but était le même, celui d'entrer dans son île fortunée. Ils se contentèrent de changer leurs mots de reconnaissance et leurs décorations: au lieu de porter un câble et une ancre, ils adoptèrent une médaille sur laquelle étaient gravés tous les attributs de la marine.

Nous ne dirons rien de plus de cette institution, qui a été détruite comme la première, et dont on ne retrouve la trace dans aucun pays[5].

---

[5] Motifs de la création de l'Ordre des chevaliers de l'Ancre, etc. Paris; in-8°, sans date, 8 pag.

§ IV. DES CHEVALIERS ET NYMPHES DE LA ROSE

Cette chevalerie a été composée pour M. le duc de Chartres[6]. Son siège principal était à Paris, rue de Montreuil à la Folie-Titon, petite maison du prince. Ses cérémonies ne furent d'abord connues que d'un très petit nombre de seigneurs de la cour qui partageaient ses goûts. Mais peu à peu elles furent introduites dans quelques sociétés de Paris, ou elles dégénérèrent suivant l'usage.

Les chevaliers de la Rose, en admettant des dames, ne choisissaient, à ce qu'il paraît, que des nymphes faciles ou, du moins, ayant les dispositions nécessaires pour le devenir : cette dénomination de nymphes et la classe dans laquelle on prenait les néophytes semblent, au reste, l'indiquer suffisamment.

L'amour et le mystère étaient le but principal des chevaliers et des nymphes de la Rose. Les détails suivants feront connaître cette institution.

La société était présidée par deux personnes : l'une était le hiérophante ; l'autre, la grande-

prêtresse. Celle-ci recevait les nymphes, et le hiérophante recevait les chevaliers.

Ils étaient aidés dans ces fonctions par un chevalier appelé Sentiment, par une nymphe appelée Discrétion, et par deux introducteurs, homme et femme.

Les autres personnes de l'assemblée portaient les noms de frères et de sœurs ; une couronne de myrte, une couronne de roses étaient les seuls attributs qui les distinguaient.

L'hiérophante et la grande-prêtresse avaient cependant un ornement particulier, qui consistait en un large cordon rose, sur lequel était brodée une couronne de myrte avec les colombes de Vénus au milieu.

Leur salle de réception s'appelait le Temple de l'Amour ; elle devait être décorée avec élégance, et ornée de devises galantes.

Des nœuds d'amour, tracés sur le parquet de la salle, partant du trône de la grande prêtresse, venaient aboutir à la place occupée par le frère Sentiment. C'était ce cercle magique que les candidats devaient parcourir dans leurs voyages.

La salle n'était d'abord éclairée qu'à la lueur d'une lanterne sourde, qui était

---

[6] M. Chaumont, secrétaire particulier du duc de Chartres, fut l'inventeur des mystères de cet Ordre.

dans les mains de la sœur Discrétion ; mais au moment de l'admission, mille bougies devaient offrir le spectacle réuni de l'élégance, des grâces et de la beauté.

Les cérémonies de la réception des chevaliers ou des nymphes se rapprochaient, en quelque sorte, de celles de la Maçonnerie d'adoption. Nous copierons leur formule dans un manuscrit que nous possédons.

« L'introductrice (si l'on admet une nymphe), et l'introducteur (si c'est un chevalier) les dépouillent de leurs armes, bijoux ou diamants, leur couvrent les yeux, les chargent de chaînes, et les conduisent à la porte du Temple de l'Amour, à laquelle on frappe deux coups. Le frère Sentiment introduit les néophytes, par l'ordre du hiérophante ou de la grande-prêtresse. On leur demande leur nom, leur patrie, leur état, enfin ce qu'ils cherchent. Ils doivent répondre, à cette dernière question, le bonheur.

D. Quel âge avez-vous ?
R. Si c'est un chevalier, l'âge d'aimer.
   Si c'est une nymphe, l'âge de plaire et d'aimer.

» Les candidats sont ensuite interrogés sur leurs sentiments particuliers, leurs préjugés, leur conduite en matière de galanterie, etc. Après les réponses, on ordonne que les chaînes dont ils sont chargés soient brisées, et remplacées par celles de l'amour. Alors, des chaînes de fleurs et de roses succèdent aux premières.

» Dans cet état, on commande le premier voyage. Le frère Sentiment leur fait parcourir le chemin tracé par les nœuds d'amour. Le second voyage est ordonné, et la même route est suivie en sens contraire. Si c'est une nymphe qui doit être admise, elle est conduite par la sœur Discrétion, qui la couvre de son voile.

» Ces deux voyages terminés, les candidats approchent de l'autel de l'Amour, et s'engagent par le serment suivant :

» Je jure et promets, au nom du maître de l'univers, dont le pouvoir se renouvelle sans cesse par le plaisir, son plus doux ouvrage, de ne jamais révéler les secrets de l'Ordre de la Rose. Si je manque à mes serments, que le mystère n'ajoute jamais à mes plaisirs ! qu'au lieu des roses du bonheur, je ne trouve jamais que les épines du repentir !

» Ce serment prononcé, on ordonne que les néophytes soient conduits dans les bosquets mystérieux. On donne aux chevaliers une couronne de myrte, aux nymphes une simple rose.

» Pendant ce voyage, un orchestre nombreux exécute une marche tendre, avec des sourdines.

» On les conduit à l'autel du mystère ; là, des parfums sont offerts à Vénus et à son fils.

» Si l'on reçoit un chevalier, il échange sa couronne avec la rose de la dernière sœur admise. Si c'est une nymphe qu'on reçoit, elle échange sa rose avec la couronne du frère Sentiment.

» Le hiérophante lit des vers en l'honneur du Dieu du mystère, après quoi il fait ôter le bandeau qui a couvert les yeux des candidats pendant toute la cérémonie.

Une musique mélodieuse se fait entendre, et vient ajouter au charme du spectacle qu'offrent aux initiés une réunion brillante et un lieu enchanteur.

» Pendant qu'on exécute cette musique, le hiérophante ou la grande-prêtresse donnent aux néophytes les signes de reconnaissance, qui se rapportent tous à l'amour et au mystère. »

Tel est le formulaire des admissions dans l'Ordre des chevaliers et nymphes de la Rose.

Ces cérémonies portent le cachet de la galanterie française et celui des mœurs du temps dans lequel cet Ordre a été institué.

En 1780, il y eut à Paris une fête brillante, dans laquelle on introduisit la cérémonie de la réception d'une nymphe de la Rose. M. le duc de Chartres y remplissait les fonctions d'hiérophante : mademoiselle G*** fut la nymphe admise.

Après la réception, on donna la représentation d'un intermède, mêlé de chants et de danses, qui offrait dans son entier le tableau des cérémonies d'initiations des chevaliers et nymphes de la Rose[7].

Soit que l'amour et le mystère ne s'arrangeassent point de ces scènes publiques, soit que des abus aient été introduits, l'Ordre des nymphes de la Rose fut

---

[7] La Franche-Maçonnerie a servi de sujet à plusieurs comédies jouées à Paris ou en province. On connaît entre autres :

Les Frimaçons, hyperdrame donné en 1739, publié en 1740 ; in-8° ;

L'Ecole des Francs-Maçons, ou *les Francs-Maçons sans le savoir*, comédie en un acte et en prose, par André Honoré. Paris, 1779 ; in-8°.

On a donné à Paris en 1808, au théâtre de l'impératrice, *les Deux Francs-Maçons*, ou *les Coups du hasard*, comédie en trois actes et en prose, par M. Pelletier Volmerariges. Paris, Hénée, 1808, in-8°.

Réception d'un profane dans l'Ordre des Francs-Maçons, scène, par M. Balzac. 1810 ; in-8°, ms.

Le 2 août 1741 on donna au Collège du Bois, à Caen, à la suite d'une représentation par les écoliers, de *Radamiste et Zénobie*, une pantomime dans laquelle on reçut un Franc-Maçon avec les formalités usitées.

Voyez statuts et règlemens des F. M., etc. ; in-8°, sans date ni lieu d'impression, page 41.

de courte durée. S'il existe encore, le secret, base de l'institution est si bien observé maintenant, qu'on a perdu la trace de ses réunions.

de courte durée. S'il existe encore, le secret, base de l'institution est si bien observé maintenant, qu'on a perdu la trace de ses réunions.

§ V. DU RITE D'ADOPTION ET DE L'ORDRE DES FENDEURS

Le rite d'adoption est presque le seul qui soit aujourd'hui en usage dans les Loges françaises et étrangères. Les dames y sont admises sous le titre de Sœurs d'adoption. Le rituel et le formulaire, tels qu'ils existent, ont été accueillis par le G. O. en 1774. Ce corps avait déclaré dans sa délibération du 10 juin qu'il les prenait en considération.

Il voulut aussi comprendre dans sa réforme ces sortes d'assemblées qui, avant cette époque, étaient bien loin d'offrir la régularité et la décence qu'elles ont présentées depuis.

Il est à croire que les réunions de dames dans les Loges ne s'introduisirent, tant dans la France que dans l'étranger, qu'à la suite du relâchement des mœurs maçonniques. Il n'était point de l'essence de l'Ordre de faire participer les femmes à ses mystères réservés aux hommes. Aussi voit-on que les premiers Maçons qui eurent l'idée de les recevoir dans leurs assemblées secrètes, ne les ont point admises avec le titre de Franches-Maçonnes, mais seulement sous celui de chevalières d'un Ordre quelconque : ils portaient le scrupule jusqu'à refuser aux lieux dans lesquels elles s'assemblaient le nom de Loges : on les appelait Chantiers, Forêts, Bosquets, Temples d'Amour, etc. Ce ne fut que postérieurement à 1736 qu'on appela les dames du nom de sœurs. Avant, elles étaient qualifiées de cousines ou d'amies.

Beauchaine, l'un des plus célèbres maîtres inamovibles de la Grande Loge de France fut, dit-on, le premier qui imagina des formules secrètes pour admettre les dames dans un Ordre qu'il appela des Fendeurs. Il calqua le travail qu'il composa à cet effet, sur les traditions des coteries des compagnons du devoir, si connues dans quelques départements de la France ; mais celle des charbonniers lui fournit presque tous les matériaux de son travail. Il se contenta, pour ainsi dire, d'en élaguer ce qui tenait à la superstition.

Nous avons sous les yeux un manuscrit contenant les détails d'une séance de Fendeurs, tenue en 1748 dans un lieu supposé être le centre des forêts du Roi. Le président, ou père-maître, conféra cet ordre à plusieurs briquets ou candidats ; il était aidé dans ses fonctions par un grand nombre de cousines et de bons compagnons fendeurs, officiers et officières des Grands Chantiers de France, etc. On y voit que les rituels de la Fenderie n'ont aucun rapport avec ceux de la Franche-Maçonnerie, dont tous les mystères ont été respectés jusqu'au scrupule[8].

La première assemblée qui eut lieu à Paris fut présidée par le Père-Maître Beauchaine[9] le 17 août 1747. Il fit l'inauguration de son Chantier dans un vaste jardin à la Nouvelle-France ; il l'appela le chantier du Globe et de la Gloire. Les autorisations nécessaires lui avaient été conférées, disait-il, par Mr. M. de C***, grand-maître des eaux et forêts du comté d'Eu, seigneur du Courpal.

Beauchaine établit d'autres Chantiers dans la capitale et dans le royaume ; ce ne fut qu'après l'institution de ces sociétés que les dames furent reçues dans les Loges maçonniques.

Des coteries de ce genre furent encore formées postérieurement par quelques personnes dans l'intérieur de plusieurs Loges, sous les titres de : Ordres de la Coignée, de la Centaine, de la Fidélité, etc. ; mais leurs cérémonies s'éloignant peu à peu de celles des Fendeurs, se rapprochèrent d'autant des formules maçonniques. Les choses en vinrent au point, que des femmes furent admises dans les Loges, à quelque légère différence près, dans la forme usitée pour la réception des hommes.

Ces abus durèrent jusqu'en 1774, et ce fut pour les détruire que le G. O. crut devoir, ainsi qu'on l'a vu, s'attribuer un droit d'inspection sur ces réunions. Il dit, à ce sujet, dans une lettre particulière qu'il adressait le 25 novembre 1807 à la Loge de l'Union Royale à la Haye : « le G. O. de France dans son assemblée générale du 10e jour du 4e Mois 1774 a pris sous son gouvernement les LL. d'adoption, sous la condition expresse qu'aucun Maçon ne pourra s'y trouver qu'avec des Maçons réguliers, et que les travaux seront toujours présidés par le vénérable de la Loge, ou, en son absence, par celui qui doit le remplacer, etc.[10].

Le rite d'adoption se compose de quatre grades ; — l'apprentissage, — le compagnonnage, — la maîtrise — et la maîtrise parfaite. Il a été imprimé dans son entier avec la cérémonie des réceptions, c'est pourquoi nous n'entrerons dans aucun détail à cet égard[11].

---

[8] Voyez Instruction des Fendeurs, à l'usage du Grand-Chantier général de France, etc. De la Forêt du roi, 1788 ; in-8°, 46 pag.

[9] Le chevalier Beauchaine était connu pour le plus fanatique des maîtres inamovibles de l'ancienne Grande Loge de France. Il avait établi une Loge dans un cabaret, à l'enseigne du Soleil d'Or, rue Saint-Victor ; il couchait dans cette Loge, et moyennant 6 francs il donnait, dans un même jour, tous les grades de la Franche-Maçonnerie à ceux qui voulaient les recevoir.

[10] Tweed memorie Vandefensie Van de A. l'Union-Royale, etc. La Haye, sans date ; in-8°, 198 pag.

[11] *La vraie Maçonnerie d'adoption.* Philadelphie, 1783 ; in-16. *Cérémonies et coutumes religieuses*, édition de Prudhomme, t. 10, page 419.

Depuis la décision du G. O. sur les Loges d'adoption, une grande partie des ateliers bien composés dé la capitale et du royaume, même des Loges étrangères, s'empressèrent d'initier leurs épouses et leurs filles, en se conformant aux règles et aux formes adoptées à Paris, et qui furent reçues comme lois générales.

Ces sortes de réunions ne tardèrent point à se répandre en Allemagne, en Russie, en Hollande, en Italie et ailleurs. Nous avons dit que l'Angleterre ne les admit pas ; en effet, le caractère et les mœurs nationales s'y opposaient.

L'introduction de la Maçonnerie d'Adoption à Naples fut fatale à l'Ordre. Elle devint la cause de cette persécution fameuse à la suite de laquelle la Franche-Maçonnerie fut proscrite dans le royaume des Deux-Siciles.

En 1775, des Napolitains tinrent une Loge dans laquelle ils initièrent comme apprentie une dame du plus haut rang. Le lendemain de sa réception, elle eut tous les symptômes d'une maladie grave, à laquelle elle succomba en peu de jours. On attribua cette catastrophe aux trop rigoureuses épreuves qu'on avait exigées d'elle. Des plaintes furent portées à la cour, et le roi de Naples rendit un édit qui supprimait la Franche-Maçonnerie dans ses états. Cet édit déclarait les contrevenants, criminels de lèse-Majesté au premier chef.

Plusieurs Maçons se rassemblèrent au mépris de ces ordres ; ce fut alors qu'éclata la persécution. Ils furent arrêtés et emprisonnés ; quelques-uns furent bannis ; d'autres s'expatrièrent, pour se soustraire à des peines plus sévères encore.

On sait que ces mesures durent leur fin à l'intervention de la reine, qui obtint la révocation des ordres du roi et fit rendre à la liberté ainsi qu'à leurs familles les innocentes victimes des atroces calomnies répandues contre elles. C'est en reconnaissance de ces bienfaits que les Francs-Maçons, avant la révolution, avaient ajouté dans leurs banquets, aux santés usitées, celle de Caroline, reine de Naples, protectrice des Maçons persécutés [12].

La Grande Loge provinciale de la Basse-Saxe siègeante à Hambourg avait institué dès 1759 des réunions de dames sous des formes secrètes elles n'eurent point de succès. Elle tenta de les renouveler en 1779 ; mais en ce pays comme en Angleterre, une Maçonnerie imitée ne put se soutenir longtemps.

Cependant, cette Grande Loge a toujours conservé l'opinion qu'une pareille institution peut contribuer au bonheur de l'humanité. Ayant établi un hôpital pour servir d'asile aux pauvres femmes malades, elle a cru que cette fondation réclamait les soins de la bienfaisance des dames. C'est pourquoi elles sont

---

[12] Une délibération de la justice royale, du 8 février 1777 déclara illégale et vexatoire l'instruction du procès contre les Francs-Maçons. Voyez *l'Histoire des persécutions intentées aux Francs-Maçons de Naples*, etc. Londres, 1780 ; in-8° et l'Appendice, n° 23, sect. H.

aujourd'hui réunies, la soirée de chaque nouvelle année, sous des formes mysté-rieuses empruntées de la Maçonnerie d'Adoption.

Les assemblées de ce genre ont été tantôt protégées, tantôt proscrites en Hollande, suivant le caprice, l'âge, ou le caractère des grands maîtres nationaux ou de leurs députés. Elles étaient connues dans ces contrées, sous d'autres rapports, longtemps avant l'établissement de la Grande L. de Hollande[13]. La première Loge d'Adoption proprement dite s'ouvrit dans l'hiver de 1774 à Nimègue, sous la présidence de la princesse d'Orange et de Nassau. Le prince de Waldeck en fut le maître dirigeant. Cette Loge était composée de frères et de sœurs de la plus haute distinction ; elle fonda un hospice de bienfaisance.

Depuis, d'autres réunions ont eu lieu dans les LL. de Frédéric Royal à Rotterdam, de la Fidélité Frisonne à Lewarde, de la Bien-Aimée à Amsterdam, de l'Étoile du Nord à Alemaër, etc. Il paraît que jusqu'à l'époque de 1806, les grands-maîtres nationaux avaient toujours toléré les assemblées de sœurs en Maçonnerie imitée. On trouve même dans l'histoire des Loges Hollandaises d'Adoption que le défunt grand-maître national baron de Boetzelaar assista en personne, le 29 mars 1778, à celle qui eut lieu dans la Loge de l'Indissoluble à La Haye.

Nous ignorons par quels motifs elles furent proscrites dans ce pays en 1806 par la Grande Loge de Hollande. A cette époque, la Loge de l'Union Royale à La Haye, qui avait réuni, dans trois assemblées, les dames de la meilleure compagnie de la ville et des environs, sans aucune réclamation, devint, après sa quatrième, l'objet de la plus étrange persécution. Un procès lui fut intenté par cette Grande Loge qui rendit contre elle un jugement sévère, motivé sur ce qu'elle avait contrevenu à l'art. 57 des lois générales de l'union Maçonnique dans la Hollande.

Voici cet article : « La Grande Loge reconnaît pour légitimes de son ressort toutes les Loges qui ont obtenu d'elle leurs constitutions, ou qui les lui ont faites ratifier. Elle tient pour illégitimes et déclare dignes de punition toutes autres assemblées de frères, etc. »

C'est d'après la tyrannique interprétation de cette loi qu'on appliqua aux Réunions d'Adoption, que la Grande Loge de Hollande rendit un décret qui bannit à perpétuité les dignitaires de la Loge de l'Union Royale, et exila des travaux maçonniques pour trois ans les autres ouvriers qui s'étaient trouvés à l'assemblée.

Ce jugement et les contestations qui en furent la suite, donnèrent lieu à des écrits très curieux, publiés par M. Chandon, vénérable de l'Union Royale.

Tous les grands corps maçonniques de l'Europe furent invités à donner leur avis sur la question de la légitimité des tenues des Loges d'Adoption ; la Loge

---

[13] *Secrets des Mopses révélés* etc., ouvrage déjà cité.

anathématisée invoqua leur appui, mais presque tous se bornèrent à donner des renseignements vagues et refusèrent de la secourir autrement que par de stériles consolations.

La mère Loge du rite Écossais philosophique à Paris fut la seule qui intervint dans cette querelle. Depuis longtemps en relation intime avec l'Union Royale, elle ne crut pas devoir l'abandonner dans un moment où un jugement inique venait de l'entacher pour une si belle cause.

Elle chargea M. de Mangourit, l'un des membres les plus distingués de son chapitre métropolitain, d'examiner l'affaire et d'en faire un rapport.

Il le présenta dans la séance le 13 avril 1809 et lut un mémoire sous le titre de Fraternelles Observations que la R. M. L. du rite Écossais philosophique en France se fait un devoir d'adresser à la T. R. G. L. de Hollande, etc.

Cette pièce, du style le plus élégant, remplie de recherches érudites, d'un grand nombre de citations curieuses sur le rite d'Adoption, démontrait à la G. L. tout le tort que son jugement précipité pouvait faire à l'Ordre et à elle-même.

Le mémoire fut adressé au D. grand-maître national, mais il resta alors sans effet : la prévention contre l'Union Royale était à son comble ; peut-être prenait-elle sa source dans les événements politiques survenus en Hollande depuis quelques années ; il est certain que beaucoup de dames françaises faisaient partie de la Loge d'Adoption de La Haye, et cette circonstance n'était peut-être pas étrangère à la persécution.

En 1809, l'appel de la décision, porté en Grande Loge, fut décidé par quarante officiers. Vingt votèrent pour la confirmation, et vingt contre elle. Le D. grand-maître national eut la galanterie d'user de son droit pour prononcer la confirmation de cette odieuse sentence.

Cependant, depuis, cette Grande Loge, plus éclairée par la lecture du mémoire de M., de Mangourit, qu'on fit imprimer et distribuer aux LL. de la Hollande, revint à des sentiments plus paisibles. Elle admit la révision de cet arrêté confirmatoire, et le jugement fut annulé le jour de la Pentecôte 1810 [14].

Ainsi se terminèrent ces honteux débats, les plus sérieux, après l'événement de Naples, dont les réunions de dames aient jamais été l'objet.

---

[14] Memorie Voortelezen den 4^{den} dag der 4^{den} maand van het jaar der W. L. 5808, ter buitengevone vergadering der Groole Loge van Holland, etc. La Haye, 1808 in-8°.

Tweede memorie van defensie van de A. l'Union Royale, etc. La Haye, sans date, 198 pag. ; in-8°.

Les Ecossais de France venant au secours de la R. L. l'Union Royale O. de La Haye, sans date ; in-8°, 27 pag.

Derde memoirie van de A. l'Union-Royale, etc. La Haye, sans date in-8°, 90 pag.

Nous ne nous étendrons pas davantage sur les LL. d'Adoption dans l'étranger ; elles n'offrent pas un grand intérêt historique. Des réunions de plaisir, des actes de bienfaisance, tels sont leur objet et leur but dans tous les pays. Nous devons nous occuper de celles de la France. En présentant quelques détails sur les sociétés de dames qui y existent, nous nous arrêterons particulièrement aux Loges de Paris. Les loges d'adoption des départements n'ont jamais donné lieu à aucun événement marquant. Lyon, Bordeaux, Toulouse, Marseille, Montpellier, Douai, et généralement presque toutes les grandes villes, sont témoins, tous les hivers, de réunions de dames sous les formes maçonniques. La morale, la politesse, les égards, la bienfaisance, l'attrait de la bonne compagnie sont leurs bases fondamentales.

Rarement, depuis leur régénération, elles ont offert un sujet de scandale ; on peut même dire que, dans la capitale, une seule, depuis cette époque, a été l'objet de la sévérité du G. O., à la suite de quelques inconséquences commises par des jeunes gens, et particulièrement par l'abbé le C. de Saint-F. envers une jeune personne destinée à l'initiation. Il s'agit ici de l'assemblée de la Loge des Neuf-Sœurs tenue le 19 mars 1779, à Paris, sur le boulevard. L'extrait que nous allons donner du jugement que le G. O. rendit contre cette Loge et qu'il fit distribuer, offrira une exacte connaissance de cette affaire. Nous avons, en l'imprimant, un double objet ; celui de reproduire les passages les plus curieux d'une pièce assez rare, et celui d'écarter tout soupçon de partialité dans le récit de ce fait singulier.

Du G. O. de France, le 19e jour du 1er mois,
l'an de la V. L. 5779 [15]

A la gloire du G. A. de l'Univers, au nom et sous les auspices du S. G. M.,
Le G. O. de France, à toutes les Loges régulières du royaume, union, force,
salut.

« TTT. CCC. FFF.,

» Travailler à se rendre meilleur, à devenir utile à ses frères, à faire, s'il est possible, le bonheur de tous les hommes, tels sont les devoirs que le Maçon a promis de remplir dans le silence et sous le voile impénétrable du mystère…

» Cejourd'hui 19e jour du 1er mois, l'an de la V. L. 5779, notre Grande Loge du Conseil étant assemblée, le T. R. F. B…, notre grand-orateur, a demandé d'être entendu et a dit que son office l'obligeait de veiller au bien général de l'Or-

---

[15] Voyez Circulaire du G. O. de France. Paris, 1779 ; in-4°, 4 pag.

26

dre, au maintien de ses règlements, etc.; qu'en conséquence, il se trouvait forcé de dénoncer et dénonçait la Loge de Saint-Jean, sous le titre distinctif des Neuf-Sœurs, à l'O. de Paris, pour avoir tenu une assemblée qui a excité les plaintes des Maçons et la clameur publique ; qu'il demandait que notre G. O. s'assemblât incessamment afin de statuer sur la dénonciation qu'il venait de faire.

» Un grand nombre de frères a observé que s'il est des circonstances où l'on doive abréger les formes, c'est quand la chose publique est en danger, et lorsque le délit est si notoire qu'il n'est pas besoin d'faire des informations......

» En conséquence de cet arrêté, notre Grande Loge du Conseil a recueilli les différents chefs de délit qui ont été énoncés ainsi qu'il suit

» I°. Le 19ᵉ jour du Iᵉʳ mois, l'an de la V. L. 579, la Loge de Saint-Jean, sous le titre distinctif des Neuf-Sœurs, à l'O. de Paris, a tenu une assemblée tumultueuse et dans laquelle, sous les auspices de la Maçonnerie, on a introduit plusieurs hommes qui n'ont été reconnus pour Maçons que parce qu'ils étaient décorés d'habits maçonniques.

» 2°. L'atelier n'était pas couvert, et beaucoup de femmes étaient dans les salles voisines.

» 3°. On a procédé, dans cet atelier découvert, à une réception, mais d'une manière peu capable d'inspirer le respect dû à nos mystères, et si scandaleuse qu'elle a prêté à l'ironie du récipiendaire.

» 4°. Le T. R.   F. grand-orateur a représenté au vénérable de la Loge combien cette réception s'éloignait des vrais principes de l'Ordre, et l'a prié de la faire cesser, mais, malgré ces remontrances fraternelles, le vénérable a continué et le récipiendaire a été initié, quoiqu'il ne méritât pas de l'être.

» 5°. Le récipiendaire, préparé selon nos usages, a été conduit dans les salles et cours voisines de la Loge, dans lesquelles étaient un grand nombre de femmes.

» 6°. On a vu les membres de la Loge, décorés de leurs habits maçonniques, venir sur les boulevards, à la vue du peuple, recevoir les dames invitées à l'assemblée des travaux d'adoption.

» 7°. Et enfin, dans la Loge d'adoption tenue après la Loge maçonnique, le F. abbé s'est permis de choisir une récipiendaire contre son gré, de la séparer par surprise de la parente sous la conduite de laquelle elle était venue prendre part à une fête dont elle était bien éloignée de prévoir qu'elle serait l'objet. Ce F. a fait tomber son choix sur une demoiselle qui, par son mérite personnel et la famille à laquelle elle appartient, ne devait s'attendre qu'aux plus grands égards. Ce F. a opposé aux refus constants de la jeune personne une infidélité bien hardie, en l'assurant que le projet était concerté avec ses parents mêmes, et il a abusé du poids que pouvait lui donner son habit pour persuader qu'il disait la vérité et l'engager à se prêter à une réception indiscrète, dont une jeune personne ne devait jamais être l'objet ; réception qui a causé l'indignation et les protestations de l'oncle de la demoiselle, dès qu'il eut reconnu sa nièce qui avait été voilée pendant toute la cérémonie ; réception enfin qui a occasionné le mécontentement de toute l'assemblée.

» Après l'énoncé des faits …, nous avons, dans notre grande Loge du Conseil, arrêté et arrêtons ce qui suit :

» Iº. A l'unanimité des voix, avons démoli et démolissons la Loge de Saint-Jean, sous le titre distinctif des Neuf-Sœurs, à l'O. de Paris, et nous supprimons à perpétuité son titre distinctif des Neuf-Sœurs, qu'aucune Loge ne pourra jamais prendre.

» 2º. A l'unanimité des voix, nous avons interdit et interdisons de toutes fonctions maçonniques, pendant quatre-vingt-un mois, le T. C. F. abbé … etc. »

Tout le reste du jugement concerne les peines d'interdiction, pour un temps plus ou moins long, infligées au vénérable, aux officiers et aux membres de la Loge. On peut lire, à ce sujet, la circulaire dans laquelle nous prenons ces détails, pages 3 et 4.

M. de la Dixmerie, membre de la Loge des Neuf-Sœurs, répondit à ce jugement, rendu sans examen et avec tant de précipitation, par un mémoire qu'il publia au nom des FF. inculpés.

Il démontra que toutes les imputations contenues dans la dénonciation et le décret, étaient le résultat de calomnies tissues par l'envie, l'ignorance ou la malignité.

Pouvait-on, en effet, supposer autant de crimes maçonniques à une société composée de littérateurs estimés, de poètes illustrés par les plus brillants succès ? La Loge des Neuf-Sœurs avait initié Voltaire[16]. Elle comptait encore parmi

---

[16] Voltaire fut initié dans la Loge des Neuf-Sœurs le 7 juin 1778 ; il fut présenté par l'abbé Lecordier de Saint-Firmin. MM. Cailhava, le président Meslai, Mercier, le marquis de Lort, Bignon, l'abbé Remy, Fabrony et Dufresne furent ceux qui accueillirent et préparèrent le candidat. Il fut introduit dans le temple par M. le chevalier de Villars. Après sa réception on le plaça à l'orient par une distinction particulière. Le vénérable le ceignit du tablier qui avait appartenu à Helvétius, autrefois membre de la Loge, et dont la veuve de ce philosophe avait fait hommage à la société. Voltaire y porta les lèvres avant de le recevoir. Lorsqu'on lui offrit, suivant l'usage, des gants de femme, en les prenant, il dit au marquis de Vilette : « Puisqu'ils sont destinés à une personne pour laquelle on me suppose un attachement honnête, tendre et mérité, je vous prie de les présenter à Belle et Bonne. » Après sa réception il fut complimenté par M. Delalande. MM. de la Dixmerie, Garnier, Grouvelle et autres lurent des vers en son honneur. Le 28 novembre de la même année, la Loge des Neuf-Sœurs eut la douleur de se réunir pour célébrer les obsèques de cet homme célèbre. M. de la Dixmerie prononça son éloge funèbre. Madame Denis et ma-

ses membres, Cailhava, Lemierre, de Chamfort, Roucher, de Fontanes, de la Dixmerie, Turpin, Vernet, Greuze, Houdon, Forster, Ysquerdo, Piccini et une multitude de savants et d'artistes dont le nom seul faisait l'éloge. Une telle réunion méritait bien sans doute que le G. O. ordonnât une enquête réfléchie sur la dénonciation : l'affaire était assez sérieuse pour qu'on ne dédaignât pas, comme on le fit alors, d'appeler et d'entendre ses membres avant de les proscrire.

Quoi qu'il en soit, ce mémoire produisit l'effet qu'on devait en attendre. Le décret fut rapporté et la Loge des Neuf-Sœurs jouit aujourd'hui de la considération qu'elle n'a jamais cessé de mériter.

Celle de toutes les LL. dont le rite d'adoption s'honora le plus, avant la révolution, fut la Loge de la Candeur.

Fondée à Paris le 21 mars 1775 par le marquis de Saisseval, la marquise de Courtebonne, les comtesses Charlotte de Polignac, de Choiseuil Gouffier et la vicomtesse de Faudoas, elle se distingua autant par ses fêtes brillantes que par ses nombreux actes de bienfaisance. Elle accueillit avec enthousiasme l'une des victimes de la proscription des Maçons de Naples, M. Lioy, avocat. Ce fut dans une de ses tenues qu'on reçut la nouvelle de la fin de la persécution. A cette occasion, les sœurs de la Candeur écrivirent une lettre respectueuse à la reine de Naples, pour remercier cette souveraine au nom de toutes les sœurs de l'Ordre. Cette lettre est datée du 3 mars 1777.

Le premier février 1778, la Loge de la Candeur fut présidée par M. le duc et madame la duchesse de Chartres. Le comte de Gouy, alors orateur, complimenta leurs AA. Dans cette assemblée, on initia la comtesse Jules de Rochechouard.

Un magnifique banquet succéda à la cérémonie. A la suite, les FF. et les sœurs donnèrent une représentation de *l'Ami de la Maison*, opéra comique, dont les rôles furent joués par la comtesse de Brienne, la comtesse Dessalles, le vicomte de Gand, le marquis de Caumartin et le comte Maxime de Puységur. La fête fut terminée par un bal brillant dont le duc et la duchesse firent la clôture.

Des objets sérieux occupèrent souvent les sœurs de la Candeur : en 1779 elles proposèrent un prix d'une médaille de 300 livres pour le meilleur mémoire sur cette question : « Quelle est la manière la plus économique, la plus saine et la plus utile à la société, d'élever les enfants trouvés, depuis leur naissance jusqu'à l'âge de sept ans ? »

---

dame la marquise de Vilette, nièce de M. de Voltaire, furent invitées à la cérémonie ; Francklin, Greuze, le prince de Salm, le comte de Milly, Roucher et beaucoup de personnes distinguées y assistèrent aussi. Francklin déposa aux pieds de l'image de Voltaire une couronne qui lui avait été présentée au nom de la Loge par madame de Vilette. Voir les extraits des planches à tracer de la Loge des Neuf-Sœurs, des 7 juin et 28 novembre 5778 (1778).

Cette Loge d'adoption était celle de la cour. Des intérêts politiques en dispersèrent les membres : elle n'existait déjà plus en 1780 [17].

La Loge du Contrat Social eut aussi des réunions de dames dans le genre de celles de la Candeur. Elle donna une magnifique fête à Paris, au Waux-Hall de la foire Saint-Germain, le 18 janvier 1780, pour célébrer la convalescence du duc de Chartres.

La Loge fut présidée par madame la princesse de Lamballe et M. Bertolio. On y reçut la vicomtesse d'Afry, la vicomtesse de Narbonne, la comtesse de Mailly et d'autres dames de ce rang. Plusieurs assemblées eurent lieu à la suite de celle-ci ; mais ces réunions ne durèrent pas longtemps ; des circonstances particulières les firent cesser.

En 1805, la Loge des Francs-Chevaliers à Paris transporta momentanément ses travaux à Strasbourg pour y tenir une Loge d'adoption. Elle fut présidée par madame la baronne Diétrick, grande-maîtresse, et M. le chevalier Challan avec la dignité de grand-maître. Sa M. l'Impératrice Joséphine daigna assister aux travaux. Ce fut la première fois que ces sociétés furent honorées en France de la présence d'une souveraine. On initia une de ses dames d'honneur [18].

Le 4 mars 1807, la Loge de Sainte-Caroline à Paris donna une très belle fête d'adoption qui fut présidée par madame de Vaudemont. Cette Loge eut l'honneur d'y recevoir S. A. S. le prince Cambacérès, qui y vint accompagné de S. Exc. le comte Regnaud de Saint-Jean d'Angely, et de plusieurs personnes de la plus haute distinction. Le bal qui eut lieu à la suite du souper, fut remarqué par sa brillante composition.

La Loge de Sainte-Caroline tient ses travaux d'adoption une fois l'année : on y retrouve l'étiquette de la cour, jointe à l'élégance et à la politesse française [19].

La Loge écossaise des Militaires réunis, Versailles, a donné, en 1811 et en 1812, des fêtes d'adoption qui ont offert le plus grand intérêt sous le rapport de

---

[17] Esquisses des travaux d'adoption dirigés par les officiers de la Loge de la Candeur, etc. Paris, 1779, in-4°.

[18] Échelle tracée des travaux d'adoption tenus à Strasbourg le 15ᵉ jour de la 3ᵉ lune du 8ᵉ mois 5805, etc. ; in-8°, pag. 15.

[19] Loge d'adoption de Sainte-Caroline. Paris, Cordier, 1807 ; in-8°. La Loge de Thémis, la Loge de l'Age-d'or, celles de la Parfaite-Réunion, d'Anacréon, de Saint-Joseph et quelques autres à Paris, donnent tous les hivers des fêtes d'adoption remarquables par leur belle tenue et le choix des personnes qui y sont admises. Nous ne connaissons dans la capitale qu'une seule Loge d'adoption qui mériterait peut-être une attention particulière de la part du G. O., sous le rapport du tort que la classe de quelques-unes des dames qui la fréquentent, pourrait faire à cette estimable institution dans l'esprit des pères de famille ou de quelques personnes sans instruction ; c'est celle qui est, dit-on, en permanence les dimanche, lundi et jeudi de chaque semaine, dans un temple obscur de la rue des Grès Saint-Jacques.

la réunion de la meilleure compagnie, et sous celui des morceaux de littérature ou de poésie qu'on y a entendus[20]. Ces assemblées, dans lesquelles des secours abondants ont été prodigués à l'infortune, ont rappelé aux anciens Maçons les fêtes de ce genre célébrées à Auteuil chez Mme Helvétius, en 1776 et 1777, ainsi que celles données pour Francklin, à Passy, par la Loge des Neuf-Sœurs, en 1778.

Nous terminerons cette notice sur les Loges d'adoption par une remarque qui n'a pas échappé aux observateurs. C'est que les rites les plus sérieux les ont toujours considérées comme un des liens les plus forts des sociétés maçonniques. Les Loges de la Stricte-Observance et celles du rite rectifié ont eu des tenues d'adoption en France et dans l'étranger. Les Illuminés en avaient aussi[21].

Il existe à Narbonne auprès de la première Loge du rite primitif, un cercle de dames qui s'assemblent quelquefois en maçonnerie imitée[22].

En effet, ces réunions ne peuvent nuire à l'institution maçonnique loin d'offrir les dangers que quelques personnes semblent redouter, nous les regardons comme très utiles, en ce qu'elles donnent aux dames une opinion exacte de la Franche-Maçonnerie, trop souvent tournée en ridicule dans les salons et parmi les profanes[23].

---

[20] Loge écossaise du rite philosophique des militaires réunis à l'O. de Versailles, etc. Premiers travaux d'adoption. Versailles, 1811 ; in-8°, 14 pag.

[21] On trouve dans le recueil imprimé en allemand, intitulé Partie des écrits originaux de la Secte illuminée, découverts à Landshut lors des recherches faites chez le S. Zwach, conseiller de la régence, en octobre 1785, le plan d'un Ordre de femmes illuminées, dressé par M. Dittfurth, régent dans cette secte, et connu sous le nom de Minos. Selon ce plan, l'Ordre devait avoir deux classes, formant chacune une société distincte avec des secrets particuliers. La première devait être composée de femmes vertueuses, et la seconde de femmes volages, légères, faciles... L'objet de l'établissement de ces sœurs illuminées était la propagation des principes de la secte par l'influence de femmes prises dans toutes les classes. Le fondateur avait proposé pour premières adeptes sa femme et ses quatre belles-filles ; la première comme régente, et les autres comme princesses illuminées, seules dépositaires des derniers magistères, et devant diriger les épreuves minervales, etc. Si l'on en croit l'auteur de l'*Histoire de l'assassinat de Gustave* III, *roi de Suède,* (page 134 de son ouvrage déjà cité) la secte qu'il dit exister à Rome sous le nom de Tribunal du Ciel, nourrit dans cette capitale douze vierges appelées les douze sœurs, destinées à accompagner la princesse polonaise pour qui on se proposait de reconquérir l'empire de Jérusalem (p. 134). Nous avouons que nous n'entendons rien à ce galimatias mystique. Nous en parlons pour ne rien omettre, autant que possible, de ce qui concerne les sociétés secrètes qui admettent des femmes.

[22] Tableau de la première Loge du rite primitif en France, ouvrage déjà cité. On trouvera d'autres détails sur le but des Loges d'adoption dans le fragment allégorique qui les concerne, État du G. O., tom. I, 3ᵉ partie, pag. 73.

[23] L'Église catholique, par gratitude, prie l'Eternel *pro devoto faemineo sexu* ; elle chante : *sentiant omnes suum sanctum nomen.*

§ V. ORDRE DES DAMES ÉCOSSAISES DE L'HOSPICE DU MONT THABOR

L'institution connue à Paris sous le nom de Dames écossaises de l'hospice du Mont Thabor doit son introduction en France aux troubles de la révolution.

Trois dames françaises ayant obtenu un asile hospitalier chez un peuple voisin, y furent admises dans l'Ordre des Dames écossaises qui y était en grande considération.

De retour dans leur patrie, elles rapportèrent, avec le sentiment de la reconnaissance, le désir d'y former un établissement du même genre.

Munies d'instructions, elles réunirent quelques dames de distinction et formèrent le noyau de leur Chapitre.

Suivant ces instructions, elles devaient rechercher l'adoption d'une Loge écossaise dans la capitale, et faire le choix d'un frère zélé, propre à être proposé aux supérieurs majeurs de cet Ordre pour remplir la dignité de Général Fondateur et Conservateur Chef d'Ordre.

Elles reçurent bientôt du point central la confirmation du choix qu'elles avaient fait de ce grand officier, avec une bulle d'investiture et des statuts généraux datés de la 10ᵉ aurore de l'équinoxe du printemps de l'année 1809.

La bulle érige à Paris un Suprême Chapitre métropolitain Chef d'Ordre des Dames écossaises de l'Hospice du Mont Thabor (rite philosophique).

Les statuts sont divisés en capitulaires et les capitulaires en articles.

Le premier capitulaire donne le droit d'ériger des Hospices suffragants sous le bon plaisir du général chef d'Ordre qui est établi à vie, avec le pouvoir de se choisir des officiers à temps, révocables *ad nutum*. Ce capitulaire institue un Conseil privé de l'Ordre, composé des dames dignitaires.

Le second institue un Chapitre des Rites, auquel se portent les appels du Conseil privé.

Les troisième et quatrième capitulaires traitent de l'organisation du régime intérieur, des degrés de parenté entre les sœurs, sous les titres de tantes, de nièces, de cousines et de bonnes demoiselles ; des conditions des admissions, des décorations de madame la grande-maîtresse et des dames de l'Ordre, des consignations, des fêtes, de l'admission des visitantes et visiteurs, enfin de tout ce qui a rapport à l'administration.

« L'objet principal de cette institution est de donner du pain et du travail aux personnes de bonne conduite du sexe féminin qui en manquent, de les aider d'abord, de les consoler ensuite, et de les préserver, par les bienfaits et l'espérance, de l'abandon des principes et du supplice du désespoir. » Ainsi s'expriment les statuts.

Aussitôt après la réception de la bulle, des statuts, et de l'acte d'acceptation par M. de Mangourit de la dignité de général-chef d'Ordre, le Chapitre métrolitain des Dames écossaises fut mis en activité.

Le général-chef d'Ordre investit de la dignité de grande-maîtresse adjointe madame sœur Angélique de Carondelet, née Turpin-Crissé, et lui conféra le pouvoir d'initier, lui présent, aux quatre premiers degrés de morale : il se réserva les degrés les plus éminents en histoire et en philosophie, selon l'accroissement des lumières en morale.

Les leçons que reçoivent les néophytes sont distribuées dans des cérémonies, des instructions et des lectures qui ont pour objet de ramener le sexe vers les occupations auxquelles les sages institutions sociales l'ont destiné, et de le prémunir contre l'oisiveté et la séduction que les passions malfaisantes traînent à leur suite.

Tous les sentiments vertueux et nobles, tous les plaisirs doux et innocents sont honorés et accueillis ; le respect envers le prince, l'amour de la patrie, rattachement à la famille, la compassion envers les malheureux, enfin l'estime de soi-même, autant acquise par le témoignage de sa conscience que par la considération des autres, sont les bases principales de l'édifice moral des Dames du Mont Thabor.

Madame la grande-maîtresse est titrée de Magnanimité ; le général chef d'Ordre, de Sérénité, et mesdames les grandes-maîtresses adjointes, de vénérables Mères. Vingt-neuf dignitaires remplissent les différentes fonctions que nécessitent les solennités, les cérémonies des initiations, ou l'administration de l'Ordre.

L'institution des Dames écossaises, comme toutes les sociétés dans leur principe, n'eut pas un accroissement bien rapide ; ses réunions eurent lieu chez plusieurs dames initiées qui en formèrent le noyau : elle se consolida dans le silence par de bonnes et sages acquisitions.

Les frères du rite écossais philosophique, et notamment ceux de la Loge des Commandeurs du Mont Thabor, y furent appelés. Bientôt il s'établit entre cette Loge et le Chapitre métropolitain de ces dames une aimable confraternité : on désira la fonder sur des bases durables ; des commissaires furent nommés par les deux associations ; elles firent un concordat qui, sans blesser les droits de l'indépendance réciproque, rend, à toujours, leur attachement indissoluble.

Après quelques préliminaires convenus entre les commissaires, sa Magnanimité madame la grande-maîtresse et son Conseil privé demandèrent par écrit, à la Loge écossaise philosophique des Commandeurs du Mont Thabor, leur adoption en qualité de sœurs et de filles.

Cette demande fut prise en haute considération et accueillie sur les conclusions de M. le commandeur orateur Roger le 29 janvier 1811.

Cette adoption fut célébrée par une fête brillante et digne d'une aussi respectable réunion : elle eut lieu le 20 février 1811. Le vénérable de la Loge du Mont Thabor remit solennellement à madame la grande-maîtresse le bref d'adoption suivant :

De la cime du Thabor, mont éclairé,
où règnent l'hospitalité, l'humanité et la bienfaisance.

Aux Dames écossaises de l'Hospice du Souv.
Chapitre métropolitain de l'Ordre.

BONHEUR, PAIX, UNION.

« Nous, vénérables, dignitaires et commandeurs du Temple du Mont Thabor, adeptes en morale, histoire et philosophie ;

» Vu la requête à nous présentée par Sa Magnanimité Dame sœur Joséphine de Richepanse, née Damas, grande-maîtresse du Souverain Chapitre métropolitain chef d'Ordre des Dames écossaises de la colline du Mont Thabor, et par les Dames de son Conseil privé ;

» Vu pareillement les degrés moraux, historiques et philosophiques, ainsi que les règlements de ces dames également initiées aux mystères de l'adoption ;

» Le tout mûrement délibéré, l'orateur du Temple, le sage commandeur Roger, entendu dans ses conclusions,

» Nous avons adopté et adoptons les Dames écossaises du Souv. Chapitre métropolitain chef d'Ordre, colline du Mont Thabor, en qualité de nos filles et de nos sœurs ; en conséquence, l'Hospice qui leur est accordé achève, avec notre Temple et notre Chapitre, l'élévation des trois Tabernacles désirés à l'époque de la Transfiguration. Donné la 20e aur. du 12e s. 5810.

» Signé DE MANGOURIT, vénérable, etc [24]. »

---

[24] *Statuts et règlements généraux du S. Chapitre métropol. des dames écossaises en France*, etc. Paris, Bailleul, 1812 ; in-18, pag. 44.

Depuis cette adoption, MM. du Mont Thabor et les Dames de l'Hospice se réunissent régulièrement tous les mois dans le même local. Les premiers ouvrent leurs travaux à six heures et les ferment à huit, heure à laquelle les Dames commencent les leurs.

Lorsque les affaires du Chapitre sont terminées, des délassements sont offerts par l'éloquence, la poésie, la musique, et quelquefois par des danses auxquelles sont admises les épouses et les filles des frères qui, sans connaître les mystères des Dames écossaises de l'Hospice, ont été initiées dans le rite d'adoption ordinaire.

Mais l'occupation la plus chère à ces dames, dans leurs réunions comme dans l'intérieur de leurs maisons, c'est la pratique de la bienfaisance, c'est l'amour des devoirs sociaux et domestiques, c'est l'acquisition de la considération publique, et l'enseignement du respect et du dévouement à l'empereur et à la patrie.

Tous les frères qui appartiennent au Régime écossais philosophique sont accueillis avec distinction dans le Chapitre métropolitain des Dames du Mont Thabor ; les autres ne sont admis qu'en présentant une lettre ou bref d'invitation de Sa Magnanimité. Cette faveur est accordée à tout homme honnête et d'une éducation libérale ; il suffit d'être connu et de la solliciter. C'est au général chef d'Ordre que l'on s'adresse pour l'obtenir.

A bon chevalier, bon hospice ; telle est la devise des Dames écossaises.

Ces détails sont extraits d'un travail beaucoup plus étendu qui nous a été communiqué. Nous regrettons que les bornes que nous nous sommes prescrites ne nous aient pas permis de le donner dans son entier.

Au reste, nous ne pouvons offrir au lecteur aucun renseignement sur les formules des initiations usitées dans ce Chapitre ; mais tout porte à croire que les épreuves qu'on fait subir aux néophytes sont plus douces que sévères ; et s'il était permis de hasarder une plaisanterie dans un sujet sérieux, on pourrait dire, avec justesse, que les Dames écossaises du Thabor sont encore plus aimables qu'elles ne sont redoutables [25].

---

[25] Armide est encor plus aimable
　　 Qu'elle n'est redoutable.
　　 Quinault, dans *Armide*.

§ VII. DE L'ORDRE DE LA PERSÉVÉRANCE

Dans un temps où les assemblées en Loges d'adoption étaient devenues très communes, des personnes de la cour créèrent un ordre chevaleresque dans lequel on admettait mystérieusement des hommes et des femmes, sous le titre des chevaliers et dames de la Persévérance. Madame la comtesse de Potoscka, le comte Brostoski et M. de Seignelay en furent les fondateurs. M. de Seignelay était déjà connu pour un partisan zélé de ces sortes de réunions ; on a vu qu'il était l'un des membres les plus ardents de la Loge d'adoption de la Candeur.

On a cru longtemps à Paris que cet Ordre, dont les pratiques et les initiations étaient enveloppées du plus profond mystère, avait été très anciennement institué en Pologne, et introduit dans la capitale par des Polonais du plus haut rang. Voici ce qui avait donné lieu à cette fable.

Madame de Potoscka, parente du roi de Pologne, avait écrit à ce prince pour lui faire part de cette supercherie et le prier de permettre qu'elle l'en rendît complice en annonçant, en son nom, que l'Ordre de la Persévérance avait pris naissance dans ses états. Le roi y consentit ; il poussa la plaisanterie plus loin : il écrivit une lettre circonstanciée, dans laquelle il assurait que cet Ordre existait dans son royaume de temps immémorial, et qu'il était fort en honneur en Pologne.

Une pareille lettre, faite tout entière de la main du roi, fut un coup de parti pour les inventeurs de cette chevalerie. Ils la montrèrent à ceux qui n'étaient pas dans le secret, et bientôt l'Ordre de la Persévérance fut en grand crédit chez les dames de la cour.

La mystification devint complète ; beaucoup de personnes de considération furent trompées sur la source de l'institution. Madame de Genlis, dans le joli recueil d'anecdotes qu'elle a donné au public, sous le titre de *Souvenirs de Félicie*[26], *en cite, à ce sujet, une très plaisante concernant M. de Rhulière, auteur de l'Histoire des Révolutions de Pologne*, qui, rencontrant au Palais-Royal une des dames fondatrices de cette chevalerie, lui dit qu'en raison de son ouvrage, il avait fait des recherches sur l'Ordre en question, et qu'il savait un grand nombre de particularités sur son origine bien longtemps avant qu'on en connût l'existence à Paris ;

Qu'il tenait d'une source certaine que le comte de Palowski en était le restau-

---

[26] Suite des Souvenirs de Félicie L*** par madame de Genlis. Paris, Maradan, 1808 ; in-12, page 74. Correspondance littéraire du baron de Grimm. Paris, Buisson, 1812 tom. 1er, page 445.

rateur ; qu'il l'avait fait revivre en armant un nombre considérable de chevaliers dont il était devenu le chef ; que, par la suite, Henri III s'en était déclaré le protecteur, etc.

Il était très singulier d'entendre M. de Rhulière entrer dans tous ces détails avec l'une des dames qui avaient inventé la chevalerie de la Persévérance. Elle dût être bien étonnée en écoutant l'historien de la Pologne.

Il faut convenir que si son ouvrage est écrit sur des renseignements aussi authentiques que ceux qu'il avait sur cet Ordre, l'*Histoire des Révolutions de Pologne* doit offrir aux curieux un monument bien véridique !

Nous avons connu une femme de l'ancienne cour qui était chevalière de la Persévérance en 1771, et qui assurait que, la plaisanterie de l'origine à part, la société répandait beaucoup de charités et distribuait particulièrement des aumônes aux pauvres femmes en couche. Pour remplir ce but respectable, l'intervention du roi de Pologne était bien inutile, et les auteurs de cette institution n'avaient pas besoin de lui prêter une origine antique.

Mais on sait que la gaîté et la sensibilité sont le caractère des dames françaises ; à cet égard, l'Ordre de la Persévérance ne laissait rien à désirer.

§ VIII.   ORDRE DES CHEVALIERS ET DAMES PHILOCHORÉITES OU AMANS DU PLAISIR

L'Ordre des Philochoréites, dans lequel des dames sont admises sous des formes mystérieuses, a été établi au camp français devant Orense, dans la Galice, le 26 décembre 1808.

Dix jeunes officiers français, réunis par le goût et les convenances, en sont les fondateurs.

Leur objet a été d'embellir, autant que possible, leur existence à l'armée, par des réunions d'amitié encore plus chères au milieu des hasards de la guerre.

Militaires dévoués à leur patrie, hommes de société, ils ont choisi pour devise générale ces mots gravés sur leur bannière : honneur, gaîté, délicatesse.

Les réunions des Philochoréites prennent le nom de Cercles. Des cercles particuliers sont institués et organisés par un cercle principal.

Les chevaliers du cercle principal portent, en sautoir, un cordon blanc moiré liséré rose ayant sur le côté droit l'emblème et la devise de l'Ordre, et sur le côté gauche d'autres emblèmes et devises qui leur sont propres.

Deux chevaliers ne peuvent avoir la même devise ni le même nom. Ces noms et devises sont consignés dans les archives du grand chancelier de l'Ordre, le chevalier du défi d'amour [27], M. Gustave de Damas. Les sceaux, les lois et statuts, les actes des initiations sont déposés dans les archives de M. le grand chancelier. Il doit rendre compte des opérations de l'Ordre, tous les trois mois, au grand maître, le chevalier des nœuds [28], M. Charles de Noirefontaine.

Les cercles particuliers offrent une organisation à peu près pareille à celle du cercle principal, mais les titres des dignitaires ne sont pas les mêmes. Le chef se nomme président ou maître ; le grand chancelier, chancelier particulier ; le grand trésorier, trésorier, etc. Les commandeurs, les conseillers et maîtres des cérémonies conservent cependant les titres de ces dignités.

Le grand-maître porte à son cordon deux épées croisées dans une couronne de myrte. Les autres dignitaires portent les attributs de leurs fonctions ou de leurs grades dans une pareille couronne ; les simples chevaliers portent une épée brodée, sans couronne.

---

[27] Emblème ; un amour tenant un nœud de rubans. Devise : *Dénouera qui pourra*.

[28] Emblème ; un nœud d'amour. Devise : *Chaque instant le resserre*.

Les chevaliers sont divisés par légions ou cohortes, lesquelles portent le nom connu d'un ancien chevalier qui doit servir de modèle et de guide à la légion. Chaque cohorte a son étendard sur lequel est inscrit le nom de ce preux chevalier, avec l'emblème et la devise de l'Ordre.

Le grand-maître ou les présidents peuvent convoquer les cercles qu'ils dirigent quand ils le jugent à propos. Tous jeux de hasard en sont sévèrement exclus. Le duel entre chevaliers est encore rigoureusement défendu. Si, malheureusement, il était indispensable, deux chevaliers doivent être, autant que possible, les témoins du combat : cependant, le conseil doit, avant, avoir décidé qu'il y a lieu. Deux dignitaires titrés sont nommés, pour ce cas très rare, examinateurs et juges du point d'honneur.

Chaque cercle renferme autant de cohortes de dames que de cohortes de chevaliers. Chaque chevalier porte la devise et l'emblème de la dame qu'il adopte, et jure de la défendre et de la protéger. Elle doit être une de ses rentes, ou une personne reconnue de bonnes mœurs et digne des égards que tout chevalier doit au sexe.

Chaque chevalier doit assistance à son frère d'armes : le soulager dans le malheur, le défendre contre l'oppression, le secourir dans les dangers, tels sont les devoirs des chevaliers philochoréites.

Les commandeurs sont chargés de la police et de la surveillance des cercles. Les abus sont dénoncés au grand-maître, qui agit selon l'avis de son conseil.

Nous ne connaissons pas les formules d'admission dans cet ordre : elles paraissent tenir à celles de l'ancienne chevalerie, et nous sommes persuadés qu'elles s'éloignent des formules usitées dans la Franche-Maçonnerie.

Au reste, les motifs de cette institution sont dignes des plus grands éloges ; l'un des Philochoréites les a développés dans un discours très bien fait, qu'il prononça en 1808 à l'occasion de la réception de plusieurs chevaliers et dames. L'orateur s'exprime ainsi : « Nous venons aujourd'hui de les initier à nos mystères » (dit-il en parlant des néophytes) « que dis-je, nos mystères ! nous n'en avons pas : qu'ils se détrompent, si l'appareil pompeux que nous avons mis à les recevoir, si les épreuves qu'on leur a fait subir ont pu leur faire croire, un instant, que nous avons un but secret.

» Réunis par le goût et les convenances, notre but est d'embellir notre existence prenant toujours pour règle de notre conduite ces mots à jamais sacrés, honneur, gaîté, délicatesse. Notre objet est encore de servir notre patrie, d'être fidèles à l'auguste souverain qui remplit l'univers de son nom glorieux ; enfin de servir aussi une cause qui doit être bien chère à toute âme délicate, celle de protéger l'innocence et la beauté, de former entre les dames et nous une alliance éternelle, cimentée par la plus pure amitié

»A ces titres, quels mortels vertueux n'ambitionneraient l'honneur, nous osons le dire, d'être chevaliers philochoréites! etc.

»A de tels sentiments, on reconnaît des chevaliers français. Nous ne savons où siège le cercle principal de cette chevalerie. Sans doute il est fixé à la tête des camps, sous les drapeaux de la victoire.

Nous croyons que les mystères aimables des Philochoréites n'ont jamais été célébrés dans la capitale, qui renferme cependant dans son sein quelques-uns de leurs croisés [29] et plusieurs des dames de leurs pensées.

Voici les noms des grands officiers de cet Ordre. Nous regrettons de ne pouvoir offrir ceux des dames protégées par ces braves et galants chevaliers.

Grand-maître, M. de Noirefoitaine (chevalier des Nœuds).

Grand-chancelier, M. Gustave de Damas (chevalier du Défi d'Amour).

Grand-trésorier, M. Frédéric Desmontis (chevalier d'Amitié).

Premier commandeur, M. de Philippes (chevalier Nocturne).

Deuxième commandeur, M. Gustave de Saint-Haon (chevalier de la Grenade).

Premier conseiller, M. Deneucheze (chevalier Discret).

Deuxième conseiller, M. de Belly (chevalier du Miroir).

Grand-maître des cérémonies, M. Alexis de l'Hospital (chevalier des Grâces).

Prévôt des cérémonies, M. Raoul de Labourdonnaye (chevalier de la Mort).

---

[29] Nom qu'on donne aux chevaliers qui s'absentent momentanément de leurs corps.

Joseph Balzamo, connu à Paris sous le nom de comte de Cagliostro, et à Venise sous celui de marquis de Pelegrini, avait établi à Lyon, au commencement de 1782, une mère Loge du rite Égyptien, sous le titre de la Sagesse triomphante. Arrivé à Paris à la fin de la même année, il en fonda une autre sous le titre de Loge mère d'adoption de la Haute Maçonnerie égyptienne. C'est de ce dernier établissement dont nous nous occuperons dans cet article. Nous lui donnerons une certaine étendue, non seulement à cause de l'abondance des matières que nous nous sommes procurées sur cette institution, mais parce que ces rites, fort accrédités sous le règne de Louis XVI, et qui eurent un grand nombre de sectateurs dans la capitale, semblent encore aujourd'hui séduire quelques personnes amies du merveilleux. Notre intention est d'en dévoiler l'imposture et de rendre le public confident de tous ces mystères, encore ignorés de beaucoup de personnes, et qu'on se gardera bien de confondre avec ceux de la Franche-Maçonnerie.

Cagliostro s'était fait initier en Allemagne dans les Loges de la haute, de la stricte et de l'exacte Observance. On sait que, dans les premières, on y enseignait tout ce qui tient à la Maçonnerie hermétique, la magie, la divination, les apparitions, etc. ;

Que les secondes offraient une société prétendue continuée des Templiers ;

Que les troisièmes, enfin, formaient un mélange des pratiques des deux premières.

Ce fut à l'école du charlatan Schroeder qu'il prit des leçons de théosophie, d'évocations et de sciences prétendues occultes.

Imbu de toutes les sottises de l'antique et moderne cabale, il conçut le projet d'une réforme de la Franche-Maçonnerie, ou plutôt celui de la création de nouveaux grades conformes à ses projets particuliers.

Il n'était pas encore déterminé sur le genre et la nature de son travail, lorsque, dans un voyage qu'il fit à Londres, il acheta un manuscrit qui avait appartenu à un nommé George Coston, dans lequel il trouva le plan d'une Maçonnerie fondée sur un système qui avait quelque chose de magique, de cabalistique et de superstitieux. Il puisa dans cet ouvrage les mystères de son rite égyptien, qu'il adapta aux Loges des hommes comme à celles des femmes. Les deux Maçonneries sont en effet à peu près les mêmes ; elles réunissent à elles seules tous les égarements de l'esprit humain.

La Maçonnerie d'adoption égyptienne a été établie sur des fraudes mystiques ; elle avait pour but de conduire ses sectateurs à la perfection par deux moyens : la régénération physique et la régénération morale.

Par la régénération physique, son fondateur promettait de faire trouver la matière première et l'acacia, qui devaient consolider dans l'homme et dans la femme la forme de la plus vigoureuse comme de la plus belle jeunesse.

Par la régénération morale, il promettait un pentagone mystique qui devait restituer l'innocence primitive perdue par le péché originel.

Tous ces avantages étaient acquis aux Maçons égyptiens, pourvu qu'ils eussent la foi dans les promesses du Grand Cophte (c'est le nom que se donnait Cagliostro). Ils les obtenaient par des visions béatifiques, l'évocation des esprits, les conversations avec les anges et les intelligences supérieures.

D'après ce système qu'on trouvera développé dans les grades égyptiens, le formulaire du rite était un mélange de cérémonies pieuses et profanes en même temps, dont ces évocations étaient l'objet principal.

Des apprenties, des compagnones et des maîtresses formaient l'ensemble de la Loge d'adoption. Les deux premières classes étaient considérées comme des écoles dans lesquelles les initiées faisaient leur noviciat pour parvenir au grade de maîtresse.

Aux maîtresses seules étaient réservés les grands secrets, tels que les mystères de la régénération physique et morale, l'art et la puissance des évocations, etc.

Les premières maîtresses constituées avaient reçu par le souffle du Grand Cophte, le don de son pouvoir. Celles-ci le transmettaient à leurs compagnes ; mais cette faculté ne donnait à celles qui la recevaient aucune puissance personnelle pour le succès des opérations magiques : elles-mêmes devaient employer l'intermédiaire d'un jeune garçon ou d'une jeune fille qui prenait le nom de Pupille ou celui de Colombe, suivant son sexe. Ces enfants devaient être dans l'état de la plus pure innocence ; le Grand Cophte, ou, en son absence, la maîtresse qui présidait, leur donnait la faculté d'opérer ; eux seuls avaient les visions et en rendaient compte : tout était caché aux yeux des personnes présentes.

La Loge était dirigée par une grande-maîtresse qu'on appelait maîtresse agissante (M. A.). Elle était ordinairement accompagnée de douze sœurs maîtresses, nombre nécessaire à la perfection des travaux ; ce nombre pouvait être porté à vingt-quatre. Chacune d'elles avait un nom caractéristique emprunté de ceux des Sibylles, tels que Hellespontique, Érythrée, Samnienne, Delphienne, etc.

Dans toutes les affaires importantes et surtout pour l'admission des maîtresses, on consultait soit Moyse, soit les Génies, soit les Anges, soit le Grand Cophte, ou même toute autre personne morte ou vivante.

Pour ces mystères, il fallait les évoquer. On verra, aux détails que nous donnerons du grade de maîtresse, quelles étaient les cérémonies usitées à cette occasion.

Non seulement ces maîtresses conjuraient les esprits surnaturels, elles avaient encore la puissance de dévoiler les événements qui avaient lieu dans les endroits éloignés de celui où elles agissaient au moment même du travail ; elles prédisaient aussi l'avenir. Voici les détails de l'opération nécessaire pour parvenir à ce dernier but ; nous les plaçons ici, parce que cette opération ne faisait pas partie des travaux ordinaires des Loges, qu'elle s'exécutait dans le monde, même en présence de personnes qui n'étaient point initiées. Ces détails sont tirés d'une instruction particulière donnée par le Grand Cophte à ses filles.

« Sur une table couverte d'un tapis vert, on posera une carafe d'eau pure et neuf bougies allumées.

» La maîtresse agissante se mettra en adoration pendant quelques instants ; après quoi, faisant agenouiller devant elle l'enfant qui doit lui servir d'intermédiaire, elle lui imposera les deux mains sur la tête ; elle restera en contemplation pendant quelques minutes et lui dira :

» *Enfant de Dieu, je t'ordonne de répéter avec moi* :

» Grand Dieu éternel ! par le pouvoir que vous avez donné au Grand Cophte, fondateur de l'Ordre, et par celui que me procure mon innocence, je vous supplie de me continuer vos bienfaits, de consacrer mon individu, et de me donner les moyens d'agir selon votre volonté et celle de ma maîtresse. »

» Après cette prière, la maîtresse restera en extase encore quelques instants pour invoquer la puissance du ciel sur l'enfant, et le placera enfin sur une chaise à la hauteur de la carafe », etc.

C'est dans ce vase qu'avaient lieu les apparitions, qui n'étaient visibles que pour l'enfant, ainsi qu'on l'a dit.

On cite beaucoup de faits curieux, même de prédictions exactes, qui ont été le résultat de cette expérience. Par son moyen, on a publié, dit-on, des choses qui se passaient à cent lieues, prédit des mariages, des événements heureux ou sinistres, etc. ; mais il est certain que tout cela n'était qu'un jeu de gobelets, et que cette jonglerie était préparée d'avance et concertée entre le Pupille ou la Colombe et la maîtresse agissante.

Au reste, cette pratique n'avait, comme nous venons de le dire, aucun rapport aux travaux de la Loge ; c'était un divertissement de société, imaginé pour exciter la curiosité, attirer des prosélytes et favoriser l'introduction du nouveau système.

Le manuscrit que nous possédons sur la Maçonnerie égyptienne d'adoption nous fournira le surplus des matériaux de cet article.

Avant d'en entamer l'extrait, nous dirons un mot des constitutions que donnait Cagliostro et de quelques-unes de formalités les plus singulières de la consécration des Loges et des grandes-maîtresses.

Les constitutions étaient délivrées, pour les Loges d'hommes, à peu près dans les formes de toutes celles connues. La constitution par laquelle il institua la mère Loge de Lyon commence par ces mots :

GLOIRE, UNION, SAGESSE, BIENFAISANCE, PROSPÉRITÉ.

« Nous, Grand Cophte, fondateur et grand-maître de la Haute-Maçonnerie égyptienne dans toutes les parties orientales et occidentales du globe, faisons savoir à tous ceux qui verront ces présentes, que, dans le séjour que nous avons fait à Lyon, beaucoup de membres de cet Orient suivant le rite ordinaire, etc., nous ayant manifesté le désir qu'ils avaient de se soumettre à notre gouvernement et de recevoir de nous les pouvoirs nécessaires pour connaître et propager la Maçonnerie égyptienne, etc., avons constitué, etc. »

Suivant cette patente, tous pouvoirs d'opérer, selon ce qu'enseignait le fondateur, étaient conférés à la mère Loge créée à Lyon, ainsi qu'aux Francs-Maçons qui y étaient attachés.

Les établissements formés pour les femmes avaient un autre caractère ; Cagliostro ne leur délivrait pas une patente proprement dite, mais des règlements constitutionnels.

Nous avons sous les yeux ceux qu'il donna à la mère Loge égyptienne d'adoption, à Paris, rédigés en 5 articles. On y voit que les pouvoirs des sœurs d'adoption étaient limités, quant à l'administration, dans certaines bornes qu'elles ne pouvaient passer ; toutes leurs délibérations importantes étaient soumises à une Haute-Cour maçonnique qu'il avait érigée sous le titre de Grand Tribunal du Maître Fondateur. Nous donnerons dans la suite un extrait de ces règlements.

Aussitôt après la constitution d'une Loge égyptienne d'adoption, le Grand Cophte lui-

même, ou deux commissaires délégués par lui, s'il était éloigné, procédaient à la consécration du local destiné aux séances. Les cérémonies qui se pratiquaient sont trop remarquables pour que nous les passions sous silence.

La consécration se faisait dans la chambre du milieu ou des maîtresses. La pièce était tendue en noir ; on y plaçait un tabernacle destiné à mettre un Pupille ou une Colombe en rapport avec les intelligences célestes.

La cérémonie avait un double objet, celui de consacrer la grande-maîtresse agissante, et encore de sanctifier le Temple.

L'un et l'autre n'étaient remplis que lorsque Moyse, apparaissant dans un nuage bleu, aux yeux de l'enfant, déclarait, par son organe, que le ciel était satisfait et que le travail était agréable à Dieu.

Quand l'opération se faisait par un commissaire délégué par Cagliostro, au lieu d'invoquer Moyse, oninvoquait le Grand Cophte qui devait se montrer dans le même nuage, aux fins de transmettre les volontés du ciel.

Pour obtenir cette faveur, la grande-maîtresse agissante et les maîtresses devaient réciter, sans interruption, des prières de la liturgie catholique, et ces prières n'étaient exaucées qu'après un temps plus ou moins long.

Nous lisons que l'adoration pour l'installation de la Loge égyptienne de Lyon dura cinquante-quatre heures, pour celle de Paris quarante-neuf heures, et pour celle de Strasbourg trois jours et trois nuits.

Nous avons dit que la pièce destinée à la consécration était tendue en noir. Elle devait être éclairée par cent quarante-quatre cierges qui représentaient le nombre limité des apprenties maçonnes dans les Loges égyptiennes.

Sur l'autel de la grande-maîtresse, destiné, dans cette circonstance, à la cérémonie du sacrifice dont on va parler, était une tourterelle vivante, attachée et fixée. De chaque côté étaient deux candélabres portant l'un quarante-huit cierges et l'autre vingt-quatre, par allusion aux quarante-huit compagnones et aux vingt-quatre maîtresses, nombre également limité des sœurs de ces grades.

Le Grand Cophte, ou l'un de ses commissaires, faisait les fonctions d'officiant ; il était vêtu du costume du célébrant dans la religion de Moyse.

Un grand crêpe noir couvrait la tête des maîtresses ; elles étaient vêtues de leur habit talare blanc[30].

La maîtresse agissante portait une robe talare noire. Couchée dans un cercueil au milieu de la Loge, le visage découvert et les mains jointes, elle attendait, dans cet état de mort, sa résurrection et son passage à une vie nouvelle. L'officiant ainsi qu'un assistant de son choix étaient dans des fauteuils en face de l'autel.

Les maîtresses avaient devant elle des chaises de velours, sur lesquelles elles se mettaient à genoux dans certaines occasions. L'officiant commençait les prières des morts en langue française ; elles répondaient à la manière usitée dans les églises catholiques.

---

[30] On verra dans la suite la description de la forme de ce vêtement.

La première oraison durait, sans interruption, sept heures, après lesquelles les sœurs se retiraient dans la chambre des apprenties, tandis que l'officiant et son assistant entraient dans celle des compagnones pour se reposer et prendre des rafraîchissements pendant une heure : après ce temps, chacun reprenait sa place et ses fonctions. Alors, on introduisait l'enfant dans la Loge ; l'officiant le bénissait et le plaçait dans la petite pièce appelée le tabernacle.

Immédiatement après il faisait égorger la tourterelle par son assistant, recevait une partie de son sang dans une coupe d'or, et en versait quelques gouttes sur les vêtements de la grande-maîtresse, remise à l'enfant, avec ordre de la présenter à Moyse au nom de la Loge. S'il n'avait aucune apparition, les prières recommençaient pendant sept heures, après lesquelles on se reposait comme on l'a dit.

Enfin, l'oraison durait, avec ce cérémonial et sans interruption, jour et nuit, jusques au moment où l'enfant annonçait qu'il voyait Moyse, qu'il lui parlait et lui ordonnait de déclarer que les intelligences célestes approuvaient la consécration du Temple et celle de la grande-maîtresse agissante. Il faisait alors descendre parla fenêtre du tabernacle des couronnes et un vêtement talare blanc pour la maîtresse agissante, bénits, devait-il dire, en sa présence, par Moyse.

Cet oracle rendu, tous les signes de deuil disparaissaient. La grande-maîtresse était retirée du cercueil par ses compagnes, tandis que l'officiant et son assistant, prosternés, remerciaient le ciel de tant de bontés. Elle était ensuite reconduite à l'autel où elle offrait ses actions de grâces soit à Moyse, soit au Grand Cophte. L'officiant la sacrait avec de l'huile et des parfums, à peu près suivant les usages adoptés pour la consécration des évêques grecs. On substituait le vêtement talare blanc au noir ; elle était parée d'une couronne de roses, ainsi que les autres maîtresses.

On chantait le *Te Deum laudamus* en langue française, puis on se séparait après ces laborieuses épreuves, qui duraient quelquefois, ainsi que nous l'avons dit, un temps considérable.

On a vu que les sœurs d'adoption étaient divisées en trois classes : les apprenties, les compagnones et les maîtresses. Nous allons donner quelques détails sur chacun de ces grades, et c'est par eux que nous terminerons ce fragment. Nous commencerons par présenter un aperçu des règlements constitutionnels de la mère Loge d'adoption de Paris ; nous n'offrirons qu'une courte analyse de cette pièce, dans laquelle on trouve beaucoup de lieux communs ou de règles administratives ; nous ne nous attacherons qu'à ses singularités.

Le catéchisme des grades, les règlements et les manuscrits instructifs étaient délivrés par le Grand Tribunal du Grand Cophte à la chambre des maîtresses, et fermés sous une triple serrure. (Art. 2.) — Toutes les affaires importantes, même les plans et dessins des Temples devaient être soumis à ce Tribunal. (Art. 8.) — Les apprenties et les compagnones devaient avoir deux ateliers distincts et placés l'un à la droite, l'autre à la gauche du Temple ; les maîtresses devaient s'assembler dans une autre pièce, dite la chambre du milieu. (Art. 18.) — Les maîtresses avaient seules le droit de présider les Loges d'apprenties et de compagnones. (Art. 19.) — Les compagnones décidaient de l'initiation des apprenties, et les mattresses de celle des cômpagnones. (Art. 21.)

Les officières consistaient en une maîtresse agissante, une sœur orateur, une sœur secrétaire, une garde des sceaux, archives et deniers ; une grande-inspectrice, maîtresse des cérémonies et sœur Terrible en même temps. Elles étaient inamovibles. (Art. 27.)

Les articles 39, 40, 41 et 42 étaient relatifs aux fautes et aux punitions qu'elles faisaient encourir.

Voici ce qu'on lit dans l'article 43 :

« Nous ordonnons les peines suivant la volonté du Dieu éternel… Nous ordonnons expressément à la maîtresse agissante de la Loge intérieure, après avoir fait l'adoration et l'invocation avec la personne spirituelle, d'établir entre les vingt-quatre maîtresses trois propositions de peines ; savoir : la réprimande, l'interdiction et l'exclusion, et de faire choisir, par l'intermédiaire invisible, la peine convenable. »

Le jugement rendu, la sœur condamnée devait l'entendre à genoux, aux pieds de la maîtresse agissante. Le Tribunal du Grand Cophte avait le droit de réformer ce jugement, même de l'annuler, moyennant une forte amende. (Art. 44.)

Les membres du Grand Tribunal avaient accès dans l'intérieur des travaux les plus secrets des dames, quand ils le voulaient. (Art. 47)

La mère Loge d'adoption égyptienne créée à Paris avait seule pouvoir de constituer des Loges d'adoption de ce régime dans l'Univers. On devait consulter les intelligences supérieures avant d'y consentir. (Art. 52.)

Enfin, l'article 5 et dernier de ces règlements constitutifs est ainsi conçu :

« J'ordonne, au nom du Grand Dieu éternel, à tous les maîtres et maîtresses agissants, sous peine de perdre, *ipso facto*, toutes leurs connaissances et tout leur pouvoir, de ne jamais interroger l'être spirituel par esprit de curiosité ou d'inutilité, mais seulement que les demandes ou interrogatoires soient pour le bien et l'utilité, ou pour quelque cas pressant.

» Les commandements devront se rendre mot à mot, non seulement par le Pupille, mais par les frères et sœurs assistant, en nommant nom, surnom et qualités de la personne, toujours suivant l'instruction du Grand Cophte. Et je fais cette présente Ordonnance pour que tous les assistants me servent de témoins pour porter mon jugement suivant mon opinion.

» Si vous pratiquez ce que ces présents règlements contiennent, vous parviendrez à connaître la vérité, mon esprit ne vous abandonnera point, et le Grand Dieu sera toujours avec vous. »

Réception d'Apprentie dans la L. égyptienne d'adoption

Aucune récipiendaire ne pouvait être admise avant vingt et un ans. Elle devait avoir de l'esprit et être bien élevée.

Conduite dans une pièce obscure tapissée en noir, dans laquelle était un squelette et des instruments de mort, elle attendait en silence qu'on décidât de son sort. Une faible lumière éclairait le squelette ; on lisait au-dessus : PENSE AU PASSÉ, AU PRÉSENT, AU FUTUR. Cette pièce s'appelait la chambre des réflexions.

Le lieu destiné à l'initiation était tendu en blanc et bleu céleste, et disposé à peu près comme les Loges ordinaires d'adoption : au milieu était un arbre en relief d'une hauteur proportionnée à celle de la pièce ; autour de cet arbre était un serpent tenant une pomme entre ses dents. Des deux côtés de la Loge, on lisait ces mots inscrits sur les murs : *Ou la gloire ou la mort. Bienfaisance ou la mort.*

La maîtresse, assise sur un trône, avait un autel devant elle et une épée nue à la main droite. Une rose, un habit talare, une ceinture bleue et blanche, un tablier et des gants étaient destinés à être présentés à la récipiendaire après son initiation.

Lorsque la maîtresse des cérémonies avait annoncé que la néophyte était dans la chambre dite des réflexions, on procédait à la réception. Ici, nous allons laisser parler l'auteur du manuscrit.

« Après le rapport de la sœur maîtresse des cérémonies, la maîtresse lui donnera ordre d'aller, avec la sœur secrétaire auprès de la récipiendaire, de lui bander les yeux avec un mouchoir blanc, et de lui lier les mains avec un ruban de même couleur. Les sœurs ci-dessus désignées la feront placer entre elles deux et la conduiront à la porte de la Loge. La maîtresse des cérémonies frappera trois coups ; la sœur Terrible, après avoir pris les ordres de la maîtresse, répondra par trois coups, ouvrira la porte, prendra la récipiendaire avec vivacité par son ruban, la conduira devant l'autel, et la maîtresse, d'un ton décidé, lui adressera ces paroles :

» Qui es-tu ? quelles sont les personnes qui te présentent dans ce sanctuaire ? Est-ce la curiosité qui t'y amène ?

» Après avoir essayé l'esprit de la récipiendaire par plusieurs autres questions, elle lui demandera si elle a bien fait ses réflexions, si elle a une intention droite et sincère, et si elle a un grand désir de connaître les arcanes de la nature.

» Suivant sa réponse, la maîtresse fera signe de se disposer à lui ôter le bandeau de dessus les yeux et lui dira :

» Je vais te préparer à la connaissance de la vertu.

» Toutes les sœurs garderont le plus profond silence sous peine d'une forte amende.

Après cinq à six minutes de silence, deux ou trois sœurs éloignées de la récipiendaire chanteront avec une musique tendre et douce le psaume 124 : *Laudate nomen Domini, laudate servi Dominum*, en français.

» A la fin du chant, toutes les sœurs debout et en silence, la maîtresse, seule assise et le glaive à la main, fera signe d'ôter le bandeau ; puis, faisant approcher et agenouiller la récipiendaire devant l'autel, elle lui dira : Mon enfant, te trouvant actuellement dans un lieu consacré à l'Eternel et en présence d'une société respectable, je vais te faire connaître les objets du serment que tu dois prêter : le premier est l'amour de Dieu ; le second, le respect envers le souverain ; le troisième, la vénération pour la religion et les lois ; le quatrième, la bienfaisance pour ton prochain ; le cinquième, le secret ; le sixième, un dévouement et un attachement sans bornes pour notre Ordre ; le septième, une promesse à ta maîtresse de te conformer scrupuleusement aux règlements et aux lois imposés par notre fondateur.

» Répète littéralement avec moi les paroles que je vais prononcer : « Moi, N., je jure en présence du Grand Dieu éternel, de ma maîtresse et de toutes les personnes qui m'entendent, de ne jamais révéler ni faire connaître, écrire ni faire écrire tout ce qui se passera ici sous mes yeux, en me condamnant moi-même, en cas d'indiscrétion, à être punie suivant les lois du Grand Fondateur et de tous mes supérieurs. Je promets également l'accomplissement le plus complet des six autres commandements qui viennent de m'être imposés : l'amour de Dieu, le respect envers mon souverain, la vénération pour la religion et les lois, l'amour de mes semblables, un dévouement entier à notre Ordre, et la soumission la plus aveugle aux règlements et aux lois de notre rite, qui me seront communiqués par ma maîtresse. »

» La maîtresse se lèvera et lui adressera le discours suivant :

« Les connaissances que vous parviendrez à acquérir sont la certitude de l'existence de Dieu et celle de votre propre immortalité. Sachez que l'Éternel a créé l'homme en trois temps et en trois souffles, et que, comme l'œuvre de la création était complète pour celle de l'homme, un souffle a suffi pour vous former femme. Vous nous comprendrez mieux un jour. Nous allons donc vous accorder ce souffle, tel qu'il nous a été donné par notre maître. »

» En achevant ces mots, elle soufflera sur la récipiendaire, en commençant par le front et finissant par le menton, de manière que le souffle couvre tout le visage ; ensuite la maîtresse reprendra :

» Je vous donne ce souffle pour faire germer et pénétrer dans votre cœur les vérités que nous possédons ; je vous le donne pour fortifier en vous la partie spirituelle ; je vous le donne pour vous confirmer dans la foi de vos frères et sœurs, selon les engagements que vous venez de contracter. Nous vous créons enfant légitime de la véritable adoption égyptienne et de la Loge N… Nous voulons que vous soyez reconnue, en cette qualité, de tous les frères et sœurs du rite égyptien, et que vous jouissiez des mêmes prérogatives. Nous vous donnons le pouvoir d'être, dès à présent et pour toujours, femme Franche-Maçonne et libre. »

» La maîtresse faisant signe à la maîtresse des cérémonies de délier les mains de la récipiendaire, elle continue son discours :

» Je vais vous expliquer les preuves symboliques des cérémonies auxquelles vous venez d'être soumise.

» On vous a bandé les yeux pour vous faire connaître qu'un enfant légitime de la véritable adoption égyptienne ne doit jamais être curieux, et qu'il faut souvent, les yeux fermés, se recueillir en soi-même et réfléchir sur la grandeur et la puissance de la créature spirituelle qui existe en vous. On vous a lié les mains pour vous apprendre la résignation avec laquelle vous devez supporter tous les événements, le respect que vous devez à vos supérieurs, et le lien étroit et indissoluble par lequel vous entendez vous unir et vous dévouer à la gloire de l'Éternel, au service de vos semblables, et spécialement à celui de vos sœurs et de votre maîtresse. »

» La maîtresse ordonnera à l'une des sœurs de jeter les parfums dans l'esprit de vin ; à une autre, de préparer l'habit talare ; et, prenant des ciseaux dans la main, elle dira :

» Mon enfant, jusqu'à ce jour vous avez vécu au milieu des profanes ; mais le sanctuaire où vous vous trouvez est dédié à l'Éternel. Vous avez juré d'être soumise à vos supérieurs. Notre Institut ordonne qu'on vous coupe les cheveux, pour vous enseigner que vous devez être dévouée au service de Dieu et de votre prochain. Je vais voir si votre cœur a ratifié votre serment : sœur maîtresse des cérémonies, dénouez ses cheveux. »

» Ici la maîtresse examinera l'air de la récipiendaire et, lui laissant croire qu'elle va lui couper les cheveux, elle adaptera son discours à la circonstance pour bien approfondir sa pensée.

» Pendant ce temps, les sœurs s'abstiennent de tout mouvement, et surtout de rire.

» Après le consentement de la récipiendaire, la maîtresse lui coupera un peu de cheveux qu'elle gardera pour les lui rendre en lui donnant les gants.

» La maîtresse des cérémonies attachera les cheveux de la récipiendaire avec un ruban blanc, et la maîtresse dira :

» Mon enfant, comme tout sujet qui nous appartient doit être purifié de son orgueil avant que d'entrer dans le Temple, à l'exemple de la reine de Saba qui, pour pénétrer dans celui de Salomon, fut obligée de revêtir un habit de pénitente, par ordre de ce roi nous allons purifier pour vous un habit semblable. —Allons, mes sœurs. »

» A ces mots, les sœurs présenteront l'habit talare à la maîtresse et jetteront de l'encens sur le feu. La maîtresse, tenant l'habit dans ses mains élevées au ciel, dira :

« Grand Dieu ! je vous offre cet habit et je vous supplie de le purifier suivant l'intention du Grand-Maître Fondateur…

» Elle le passera ensuite légèrement sur la flamme, fera ôter celui de la récipiendaire, la revêtira de l'habit purifié et ajoutera :

« Au nom du Grand-Maître Fondateur et en présence de l'Éternel, je vais purifier ton corps physiquement et moralement, pour te rendre digue de vivre selon nos lois.

» La maîtresse prendra les gants et, les donnant à la récipiendaire, lui dira :

« Mon enfant, toutes les fois que tu viendras en Loge, il faut avoir les mains pures et porter ces gants que la Loge te donne comme un symbole de la pureté des sentiments que tu dois avoir.

» Notre ordre ne défendant point d'aimer honnêtement ses semblables, nous te donnons cette paire de gants d'homme et nous te rendons les cheveux que nous t'avons coupés ; ils sont destinés, et tu pourras les donner, à l'objet de ton estime et de ton affection, en tâchant de lui inspirer les sentiments que tu prendras ici :

» Elle prendra la rose, la donnera à la récipiendaire et lui dira :

« Cette rose est l'emblème de l'innocence et de la vertu ; elle signifie également que tu cueilles ici la première fleur de la vérité. Sache enfin que Salomon, après avoir fait connaître à la reine de Saba le Temple dédié à l'Éternel, et l'avoir fait entrer dans l'intérieur de son palais, lui présenta une rose et qu'il lui accorda une couronne de fleurs pareilles. O mon enfant ! ne cesse de désirer de travailler, et ne sois contente qu'après avoir obtenu, par tes vertus, une couronne semblable. »

» La maîtresse des cérémonies, tenant dans ses mains le tablier, le donnera à la maîtresse ; celle-ci, reprenant son discours, dira à la récipiendaire :

» L'esprit de la reine de Saba était enveloppé de ténèbres ; Salomon, pour l'éclairer, la fit travailler dans le Temple ; mais auparavant il lui donna le tablier maçonnique. Remarquez ici ces mots : *Amour et Charité*. Voilà vos devoirs : travaillez avec amour ; ayez toujours la charité dans le cœur. Ce sont aussi les mots de passe de votre atelier. Vous mettrez la main droite sur votre cœur et vous direz Amour ; on vous répondra avec le même signe : charité ».

» En finissant ces mots, la maîtresse attachera le tablier à la récipiendaire, la prendra par la main, la fera mettre à genoux et lui dira :

« Ma sœur, je vous appelle ainsi pour la première fois, et je vous donne ce titre pour vous faire reconnaître par tous vos frères et sœurs.

» Par le pouvoir que je tiens de notre Grand-Maître et Fondateur, je vous touche l'épaule droite avec ce glaive, et je recommande à tous nos enfants un amour sincère et mutuel. »

» Alors la maîtresse la fera lever, se fera baiser la main en signe de respect, l'embrassera des deux côtés et la remettra entre les mains de la maîtresse des cérémonies qui la présentera à toutes les sœurs, à chacune desquelles la récipiendaire donnera le mot de passe avec le signe, et chaque sœur l'embrassera des deux côtés.

» Cette présentation finie, la maîtresse des cérémonies installera la récipiendaire à sa place et retournera à la sienne.

» Toutes les sœurs s'assiéront, et la maîtresse, reprenant la parole, dira :

» Mes sœurs, la reine de Saba célébrait dans la capitale de son royaume une fête en l'honneur de Vénus, avec tous les prêtres et ministres de cette fausse divinité, en présence d'un peuple immense. Au milieu du sacrifice, elle eut visiblement connaissance d'un ordre du sage Salomon qui l'obligeait à se rendre en personne au pied du tribunal de ce grand monarque. La reine, après avoir consulté ses prêtres, promit de se trouver au jour déterminé. Elle partit et se rendit auprès de Salomon. Ce prince, charmé de son obéissance et pénétré de sa confiance, la fit préparer et purifier par ses ministres ; il ordonna qu'elle fût ensuite introduite devant son tribunal. La reine, éblouie de la magnificence inexprimable de Salomon et de son trône, baissa modestement les yeux ; elle demanda à connaître la vérité. Salomon, pour la propager et augmenter la gloire de l'Éternel, lui permit d'approcher de l'autel sacré ; elle fut instruite des vérités de la religion divine, et désabusée des erreurs de l'idolâtrie ; il la convainquit de l'existence du Grand Dieu et de l'immortalité de son âme, en lui faisant observer l'arbre de vie dont vous voyez ici l'image. Autour de cet arbre, Salomon avait fait entortiller l'orgueil, représenté par le serpent ; l'orgueil, cause malheureuse qui, de l'élévation de nos sublimes connaissances, nous a fait tomber dans l'état inférieur et ténébreux où nous vivons !

» La pomme est le symbole du fruit défendu ; il a causé tous nos malheurs. C'est nous, femmes, qui, abusant de notre empire, sommes parvenues à faire manger à l'homme le pépin funeste de ce fruit défendu ; mais ce même pépin, par la grâce de l'Éternel, deviendra un jour le moyen de réparer cette perte, le fruit de votre gloire et le recouvrement du pouvoir que l'Être suprême a accordé à l'homme. C'est ce qu'annonça Salomon à la reine de Saba, et c'est ce que je vous répète comme lui dans la même situation et dans le même sens. Il acheva ensuite de lui donner toutes les instructions physiques et morales ; il lui recommanda de propager la vérité parmi les idolâtres ; il lui communiqua, pour y parvenir, toutes ses connaissances, et lui fit le dernier adieu.

» La reine, de retour dans ses états, répandit la vérité en la faisant connaître à tous ceux de ses sujets qu'elle en trouva dignes, et leur communiquant l'adoption parfaite qu'elle avait reçue. Dans la société dont elle fit choix, il se rencontra malheureusement une fille nommée Kalaïpso, qui fut initiée trop promptement dans les connaissances que nous vous communiquons ; peu à peu l'orgueil s'empara de son esprit et la fit tomber dans l'erreur. Tremblez, ma chère sœur, de l'imiter un jour ! L'orgueil est la source de toutes les fautes où tombe notre sexe ; vous en seriez punie comme Kalaïpso.

» La reine de Saba informa Salomon de sa légèreté et des suites qu'elle avait eues. Je ne peux aller plus loin, ma sœur ; avec le temps, vous en saurez davantage. »

Ce discours fini, la maîtresse fermait les travaux de ce premier grade.

Telles étaient les formalités employées pour les réceptions des apprenties égyptiennes.

On faisait ensuite une instruction qui roulait entièrement sur la spiritualité, la religion naturelle, l'alchimie et les sciences occultes.

Compagnone égyptienne

Nous n'entrerons pas dans de grands détails sur ce second degré du rite égyptien ; son but principal était de préparer la néophyte aux secrets du troisième ou de la maîtrise. On considérait en effet ce dernier grade comme celui de la perfection.

L'apprentie était introduite dans la Loge des compagnones, un poignard à la main, les cheveux épars sur son col et son visage. La principale cérémonie de l'initiation consistait à lui faire couper la tête du serpent dont il a été question dans le grade précédent. Cette tête mystérieuse était ensuite précieusement enfermée dans un vase disposé sur l'autel de la grande-maîtresse agissante, qui donnait à la récipiendaire un ruban avec lequel on liait ses cheveux, des gants, un tablier, etc. S'armant ensuite d'une épée, elle lui disait : « Mon enfant, par le pouvoir que le Fondateur m'a donné, je consacre ces attributs au nom de l'Éternel. Je te confirme dans tes privilèges et prérogatives de compagnone d'adoption égyptienne ; et par le coup de glaive que je vais te donner, j'entends affermir ton esprit dans les voies de la perfection. »

Puis lui donnant un coup d'épée sur la tête, elle ajoutait : « Prie l'Éternel avec ferveur et sincérité pour qu'il te donne l'intelligence de mes paroles pour sa gloire et le bien de tes semblables. »

Après ces mots, sur l'ordre de la maîtresse, trois sœurs chantaient en français le psaume 116 *Laudate Dominum omnes gentes*, etc. Ces chants terminés, la maîtresse prononçait le discours suivant que nous copions textuellement dans notre manuscrit ; il s'adresse à la récipiendaire.

« Vous voici dans un atelier qui vous est inconnu. Je vais vous expliquer les vérités dont nous nous occupons.

» Salomon, après avoir reconnu l'esprit de la reine de Saba, lui rendit certaines l'existence de Dieu et l'immortalité de l'âme ; il lui fit détruire le temple des faux Dieux, écraser l'orgueil, couper la tête du serpent, et la conduisit ainsi à la connaissance de la première matière. Sachez, mon enfant, qu'on ne parvient pas à cette possession par des livres ni par des recherches puériles, mais seulement par la volonté de Dieu et le pouvoir d'un de ses élus. Salomon apprit aussi à la reine de Saba que, malgré ces deux puissants secours, il fallait encore de la patience pour perfectionner cette précieuse matière, tant au physique qu'au moral… Vous n'êtes reçue aujourd'hui que par mes mains ; mais, le temps expiré de vos travaux de compagnone, vous serez consacrée par la volonté de l'Éternel et par le pouvoir d'une maîtresse agissante qui vous fera connaître les intermédiaires entre nous et l'Etre suprême. Je vous exhorte donc, pour votre bonheur et votre gloire, d'attendre avec résignation ce fortuné moment, de travailler régulièrement tout le temps de votre compagnonage, et, dès ce soir, de dire tous les jours avant de vous coucher, le psaume 28 : *Offerte Domino filii David*, etc., en français. Au moyen de cette prière, vous parviendrez au dernier objet de tous vos désirs. »

Après ce discours, la maîtresse faisait le catéchisme des compagnones. Le voici ; il pourra servir à éclaircir quelques passages de ce fragment.

D.   Êtes-vous compagnone d'adoption ?

R. Je viens d'exécuter les travaux qui m'avaient été proscrits.

D. Quels sont vos travaux ?
R. J'ai reconnu le fonds de mon orgueil ; j'ai assassiné le vice et connu la première matière.

D. Quelle est cette première matière ?
R. Le pépin que l'esprit orgueilleux avait ôté de notre pouvoir.

D. De quel moyen vous êtes-vous servie pour obtenir cette première matière ?
R. Favorisée de la grâce de l'Éternel, revêtue du pouvoir de mon maître et la main armée de son propre poignard, je l'ai plongé dans le sein du père et de la mère des sept métaux.

D. Quels sont le père et la mère des sept planètes ou métaux ?
R. Je vous en ai instruite étant apprentie.

D. Êtes-vous parvenue à connaître le régime et les différents passages ?
R. Oui.

D. Quels sont les auteurs où vous avez puisé ces connaissances ?
R. Aucun ; car les plus recommandables, les plus estimés et les plus recherchés sont faux et apocryphes. Tous les ouvrages qui parlent ou traitent de cette précieuse matière ne contiennent que des mensonges, sans excepter même ceux des véritables philosophes, tels que Moyse, Jean, etc., parce que les écrits qu'on leur attribue, ou ne sont pas d'eux, ou ont été altérés, ou sont mal interprétés.

D. A qui faut-il donc m'adresser pour être éclairée ? »
R. Le sage Salomon nous fait connaître qu'il faut avoir recours aux élus supérieurs qui environnent le trône de Dieu. Il nous apprend qu'il a resté sept ans pour achever le temple qu'il éleva à l'Éternel ; qu'il y avait sept marches pour monter à son trône ; qu'il y a sept planètes reconnues par les mortels, et qu'il y a eu sept premières Sibylles formées par la reine de Saba : ce même nombre est celui des passages.

D. En quoi consistent ces sept passages ? quelles en sont les couleurs et les propriétés ?

R. Je ne puis répondre à ces questions, parce que vous ne connaîtrez jamais de pareilles choses que lorsque vous serez assez heureuse pour posséder la première matière.

D. Puis-je espérer de l'obtenir quelque jour ?

R. Sans doute.

D. Que dois-je faire pour y parvenir ?

R. Purifiez votre cœur, élevez sans cesse votre esprit à l'Éternel, acquérez enfin la sagesse qui est la perfection de la philosophie surnaturelle ; vous serez alors admise dans l'intérieur du temple et vous obtiendrez ce pépin incomparable.

D. Notre première maîtresse, la reine de Saba, a-t-elle eu ce pépin en son pouvoir ?

R. Oui ; Salomon lui en donna un, ainsi qu'il en avait donné un autre à son favori Adoniram.

D. Ayant eu le bonheur de me rendre digne de mériter une si grande faveur, comment emploierai-je cette première matière, et quel travail me restera-t-il à faire ?

R. Voici tout ce qu'il m'est permis de vous en dire : tâchez de me comprendre, car la vérité s'y trouve.

» La reine de Saba ayant été parfaitement instruite par Salomon, il lui donna à son départ, ainsi que je viens de vous le dire, un de ces merveilleux pépins, et lui enseigna à renfermer la partie volatile dans la prison dont se servent les sages, seuls gardiens de la clef qui ferme hermétiquement ; à la jeter dans les flammes et la concentrer dans le centre parfait ; à la confier dans les mains d'un sage pour l'enfouir dans le sépulcre qui produit la putréfaction et fait renaître les couleurs primitives.

» Le succès de ces travaux fait recouvrer à l'ouvrier sa première innocence, et il obtient la grâce de former le mariage sacré et parfait qui, seul, peut rendre heureux et combler le désir de tous les enfants de la science hermétique.

» Il m'en coûte beaucoup, ma sœur, de ne pouvoir pas vous parler plus clairement ; mais comme ce sont nos frères qui sont destinés à travailler et accomplir cet ouvrage, ce sont eux qui, par leur attachement et leur bonne volonté pour vous, vous feront jouir de cette précieuse matière et de tous les dons qu'obtint jadis de Salomon notre première maîtresse, la reine de Saba... »

D. Comment peut-on parvenir à communiquer avec les êtres célestes ?

R. En sachant la méthode de consacrer non seulement sa personne, mais encore le Temple dédié à l'Éternel.

D. En quoi consistent ces deux consécrations ?

R. A se couvrir d'un vêtement talare toutes les fois qu'on adore l'Éternel et qu'on se propose de communiquer avec les intermédiaires ; à accomplir exactement et scrupuleusement ce qui est ordonné pour la retraite des quarante jours...

» Cette retraite est très importante pour nous, puisque nous en retirerons un fort grand avantage. C'est à nous, comme femmes, à coudre la toile et les autres effets et vêtements nécessaires.

» Le fil, la laine et la soie doivent être préparés par la Colombe innocente et conservés dans le drap sérique.

» Le drap sérique est un voile de taffetas de soie jaune couleur d'or, ayant neuf coudées de longueur et de la largeur du taffetas. On se conformera exactement à cette mesure.

» Ce drap sérique sera orné, aux deux bouts, d'une frange de soie blanche, et dans toute sa longueur on y brodera également, en soie blanche, les chiffres des sept anges.

» Il faudra commencer ce travail par les ourlets du voile, qui doivent être commencés et achevés dans les trois premières heures du jour du soleil.

» Les franges seront cousues le jour du soleil, aux heures du soleil et de la lune.

» Chaque chiffre sera brodé au jour et à l'heure précis que domine chacun de ces êtres sublimes.

» On commence, I° par celui de l'ange Anaël, qui préside au jour et à l'heure du soleil ; 2° par celui de Michaël, qui préside au jour et à l'heure de la lune ; 3° par celui de Raphaël, qui préside au jour et à l'heure de Mars ; 4° par celui de Gabriel, qui préside au jour et à l'heure de Mercure ; 5° par celui d'Uriel, qui préside au jour et à l'heure de Jupiter ; 6° par celui de Zobiachel, qui préside le jour et l'heure de Vénus ; 7° enfin, par celui d'Anachiel, qui préside au jour et à l'heure de Saturne. Il faut être de la plus scrupuleuse exactitude pour ne travailler à la broderie de ces noms qu'aux heures et aux jours fixés.

» Le vêtement talare doit avoir la forme d'une chemise, mais couvrant tout le corps depuis le col jusqu'aux pieds. Il sera fait de toile blanche ou de mousseline, garni aux deux poignets et dans le bas d'un falbala de mousseline. On brodera en or sur cet habit les chiffres des sept anges, aux jours et heures prescrits pour le drap sérique.

» L'étole et la ceinture seront de moire bleu de ciel ; les chiffres des sept anges seront également brodés en or sur chacun.

» Les souliers seront de satin blanc à rosettes, et les chiffres des sept anges y seront brodés en or.

» Tous les autres vêtements intérieurs, tels que chemise, col, veste, habit, culotte, caleçon, bas, jarretières, etc., auront chacun les sept noms des anges brodés en soie jaune couleur d'or ou en or. Ces chiffres, pour toutes ces choses, seront toujours brodés aux jours et heures déterminés pour le drap sérique.

» Chaque personne occupée à ce travail gardera le célibat pendant le temps qu'il durera, et vivra dans la décence convenable et prescrite par notre Ordre.

» En se conformant exactement et à la lettre à ces instructions, l'ouvrière sera récompensée avant et par préférence à toute autre sœur.

D. Il ne me reste plus qu'à vous prier de m'apprendre ce que c'est que cette grande opération des quarante jours ?

R. Il ne m'est pas permis de vous en donner l'explication avant que le temps de votre compagnonnage soit expiré. Recommandez-vous donc, de tout votre cœur, à l'Être suprême ; aimez votre prochain comme vous-même ; soyez bienfaisante et compatissante pour les malheureux ; donnez continuellement des preuves de votre discrétion et de votre sagesse ; remplissez avec zèle tous vos devoirs ; contentez votre maîtresse ; méritez son suffrage, et cherchez à vous éclairer de plus en plus en lisant attentivement l'Écriture sainte de l'Ancien Testament : aucun livre ne pourra vous donner de plus grandes lumières sur tous les principes de l'école hermétique égyptienne.

» En devenant maîtresse, tous nos secrets et tous nos mystères vous seront dévoilés, car ce grade sera le dernier degré de votre perfection. Fiat ut Deus ! »

Maîtresse égyptienne

Dans ce grade, la maîtresse agissante prenait le nom de reine de Saba. Chacune des douze premières maîtresses reçues adoptaient celui d'une des Sibylles ; les autres maîtresses avaient des noms semblables, mais elles y ajoutaient le titre de seconde ; par exemple, la Sibylle phrygienne première, la Sibylle phrygienne seconde, etc.

La Loge était tapissée en bleu céleste étoilé d'argent le trône, élevé sur sept marches, était surmonté d'un dais de soie blanche avec des lys d'argent. Elle devait être très bien éclairée. Les dames devaient être vêtues de leur habit talare, et les hommes, qui avaient le droit d'assister à ces mystères en qualité de visiteurs, devaient porter leur habit d'uniforme vert avec l'épée, et avoir la tête découverte.

Derrière la grande-maîtresse et au-dessus de son trône était le tabernacle, construit de manière que la Colombe put être entendue sans être vue. On connaît déjà la destination de ce tabernacle.

Ici nous reprendrons le manuscrit.

« Avant de faire entrer la récipiendaire, la grande-maîtresse fera faire l'adoration à tous les sujets présents ; elle appellera ensuite la Colombe, qui aura sa place auprès du trône sur un tabouret bleu et argent ; elle la fera mettre à genoux devant elle sur la dernière marche du trône, et lui dira : Enfant de Dieu, je t'ordonne de répéter avec moi :

» Grand Dieu éternel ! par le pouvoir que vous avez donné au Grand Cophte, fondateur de l'Ordre, et par celui que me procure mon innocence, je vous supplie de me continuer vos bienfaits, de consacrer mon individu, et de me donner les moyens d'agir selon votre volonté et celle de ma maîtresse. »

La maîtresse, gardant le silence deux ou trois minutes, recommandera intérieurement la Colombe à l'Éternel ; elle élèvera son esprit à Dieu, ainsi que tous les assistants, et fera signe à la maîtresse des cérémonies de relever la Colombe et de la conduire dans le tabernacle.

La récipiendaire préparée et introduite dans la Loge des maîtresses, la grande-maîtresse lui dira : Ma sœur, puisque vous avez eu le courage de vous présenter devant notre tribunal, je dois être assurée de trouver en vous un esprit sage, éclairé et discret, un cœur sincère et pur.

» Dans cette confiance, à la gloire de l'éternel, et par le pouvoir que nous avons, nous allons purifier votre physique et votre moral, en vous accordant le haut grade de maîtresse, et vous donnant le pouvoir de contribuer à étendre et propager la vérité.

» Réunissez-vous à moi FF. et SS., tant visibles qu'invisibles, pour adorer l'éternel, et le prier intérieurement de me faire la grâce d'admettre au nombre de ses enfants la sœur N…, etc.

» La maîtresse frappera un coup de son glaive sur l'autel ; tous les assistants s'agenouilleront ainsi que la récipiendaire… La maîtresse sera debout seule, et élevant les yeux et les mains au ciel elle se recommandera à Dieu.

» Après un silence de quelques minutes, la maîtresse frappera un autre coup sur l'autel qui servira de signal à tous les assistants pour se lever, à la réserve de la récipiendaire que la maîtresse des cérémonies avertira de se prosterner le visage contre terre, et qui, ensuite, prononcera à haute voix en français le psaume *Miserere mei Deus….*

» Le psaume achevé, la grande-maîtresse dira à la colombe : *Enfant de Dieu, je t'ordonne par le pouvoir dont je suis revêtue et par celui que je t'accorde, de faire comparaître en ta présence l'ange Gabriel* (ou tout autre)…

» L'ange ayant paru, la maîtresse lui fera demander par la Colombe s'il est permis que la sœur N…, après ses courses et travaux dans les précédents ateliers, soit purifiée… La réponse étant affirmative, trois sœurs chanteront, sur un air doux et religieux, le *Veni Creator* en langue française. L'hymne finie, la maîtresse… fera placer la récipiendaire au milieu de trois réchauds. Elle la fera purifier en jetant dans le premier de l'encens, dans le second de la myrrhe[31], et dans le troisième du laurier.

» La grande-maîtresse lui dira : *Les richesses sont le premier présent que je vais vous faire. Ce don fut aussi le premier que Salomon fit à la reine de Saba.* » A ces mots prenant dans un vase quelques feuilles d'or, elle les dissipera par son souffle.

» La maîtresse des cérémonies ajoutera : *Ainsi passe la gloire du monde !*

» La grande-maîtresse dira : *Les richesses furent le moindre présent que Salomon accorda à la reine de Saba.* Ce grand monarque ayant perfectionné la matière première, il la sépara en liquide et solide. C'est la partie solide qui procure les richesses, et c'est la liquide qui donne l'immortalité. Salomon fit boire de cette liqueur précieuse à la reine de Saba, et je vais vous faire la même grâce… La maîtresse prendra dans ce moment une cuillerée de vin rouge, et la fera avaler à la récipiendaire qui ira ensuite se mettre à genoux au milieu de la Loge en face du tabernacle.

» La grande-maîtresse étant debout adressera ainsi la parole à la Colombe : *Enfant de Dieu, je t'ordonne de faire comparaître devant toi les six autres anges…*

---

31 Ou cerfeuil musqué ; scandix odorata. (Linnée).

» Puis elle ajoutera, répète avec moi les paroles suivantes : « Par le pouvoir que le Grand Cophte a conféré à ma maîtresse, et par celui que je tiens de mon innocence, je vous ordonne, Anges primitifs, de consacrer ces ornements (il s'agissait de ceux destinés à la récipiendaire) en les faisant passer par vos mains.

» La Colombe ayant informé la maîtresse que les Anges ont exécuté ses volontés, la maîtresse lui ordonnera de faire comparaître Moyse, afin qu'il donne sa bénédiction à chaque ornement, et qu'il tienne de la main droite la couronne de roses jusqu'à la fin de l'opération.

» Elle commandera ensuite à la Colombe de descendre tous les ornements par la petite fenêtre de son tabernacle… puis elle décrira avec son glaive autour de la récipiendaire un grand cercle dans lequel elle la fera mettre debout.

» Elle prendra le tablier et le lui donnera en disant, etc. [32].

» La grande-maîtresse ordonnera à la Colombe de lui dire si Moyse tient toujours la couronne de roses ; sur sa réponse affirmative, elle lui commandera de se la faire remettre, et de la descendre par la petite fenêtre.

» La grande-maîtresse la recevant des mains de la maîtresse des cérémonies, et la prenant de la main droite, fera mettre à genoux la récipiendaire, et lui dira :

» Mon enfant, je mets cette couronne sur ta tête pour t'apprendre que tous les êtres visibles et invisibles qui sont en notre présence, ont obtenu ou obtiendront une couronne semblable, au nom et à la gloire de l'Éternel. Elle est d'autant plus précieuse que les roses qui la composent sont l'emblème de la première matière, ressemblance d'autant plus parfaite, que les épines mêlées parmi ces fleurs, t'indiquent qu'elle ne saurait s'obtenir sans peine et sans travail. Il ne dépend que de toi de conserver cette couronne, et de te maintenir dans ton royaume… Il sera permis, en outre, à la grande-maîtresse d'invoquer la venue du fondateur, le Grand Copthe, pour confirmer et bénir cette réception.

» La grande-maîtresse ordonnera à la Colombe de sortir du tabernacle ; après avoir fait adorer et remercier l'Éternel, elle fermera la Loge. »

Telles étaient les cérémonies usitées, dans la Maçonnerie d'adoption du rite égyptien, pour recevoir les maîtresses. Leur catéchisme sera la dernière pièce que nous prendrons dans notre manuscrit. Il contient enfin le secret de la régénération, que, sans doute, le lecteur ne sera pas fâché de connaître, mais dont nous ne lui conseillons pas de faire usage.

---

[32] Nous passons les discours que prononçait la grande-maîtresse en remettant à la récipiendaire le tablier, la ceinture, les gants, etc.

Catéchisme de Maîtresse de la Loge Égyptienne d'adoption

D. Connaissez-vous ce que vous êtes?

R. Oui, je suis homme, mon sexe m'avait malheureusement fait perdre mon innocence primitive; mais, ayant reçu la lumière, ayant écrasé le vice, je suis parvenue à connaître la vérité et à recouvrer mon pouvoir.

D. En quoi consiste ce pouvoir?

R. Ayant été créée à l'image et ressemblance de Dieu, j'en ai reçu le pouvoir de me rendre immortelle, de commander aux êtres spirituels et de régner sur la terre.

D. Qu'entendez-vous par régner sur la terre?

R. Que l'Éternel n'a formé et créé la terre que pour l'homme et pour être commandée par lui; mais il ne saurait y parvenir sans connaître la perfection du moral et du physique, sans avoir pénétré dans le véritable sanctuaire de la nature, et sans posséder notre doctrine sacrée.

D. Qu'enseigne cette doctrine?

R. Deux façons d'opérer: l'une pour se rendre immortel physiquement; l'autre peur le devenir moralement.

D. Quel est le fruit de l'immortalité spirituelle?

R. La sagesse, l'intelligence, la faculté d'entendre et parler toutes les langues, et le bonheur inappréciable de devenir l'intermédiaire entre Dieu et nos semblables.

D. Comment peut-on obtenir une aussi grande faveur?

R. Par la retraite intérieure des quarante jours dont je vais vous donner l'explication. Le Grand Copthe, notre fondateur et maître, après avoir choisi un local solitaire et y avoir fait construire le bâtiment convenable, s'y renferme secrètement avec douze de nos frères, pour y former le Pentagone sacré.

D. Comment se fait ce Pentagone?

R. Avec les instruments de l'art.

D. Quels sont-ils?

R.   Le glaive, la truelle, le couteau, le poignard, le clou, le canif, les trois aiguilles, le compas, la règle, l'encrier de métal et le plomb. Chacun de ces instruments doit avoir un manche déterminé selon l'art. Tous ceux qui contiennent la partie matérielle doivent être faits au jour et à l'heure de Mars. Il faut que la consécration de tous soit faite au jour et à l'heure du soleil, et qu'ils soient trempés dans la couleur convenable. Il est également très nécessaire de connaître la couleur et la différence des plumes dont on doit se servir pour écrire.

»Ce pentagone merveilleux achevé, chacun des douze assistants devient chef primitif de notre école sacrée ; il recouvre son innocence première ; il obtient une parfaite connaissance de tout ce qu'il avait ignoré dans le temps passé, présent et futur ; il acquiert le moyen de confondre sur-le-champ l'impie et le profane, en lui prouvant évidemment l'existence de l'éternel, celle des êtres spirituels et l'immortalité de son âme. Il peut tout enfin, dans le ciel comme sur la terre, et sa puissance n'a plus d'autres bornes que celles des objets divins qui appartiennent au souverain créateur et qu'il s'est seul réservés. Outre le pentagone particulier que chacun de ces douze sages obtient pour lui et qui lui donne le pouvoir de connaître, commander et communiquer visiblement avec les sept anges primitifs, au moyen des sept sceaux et des sept chiffres, des sept anges qui y sont gravés, il en reçoit sept autres revêtus du sceau et du chiffre de l'un de ces sept anges, dont il peut favoriser sept personnes, soit homme ou femme. Chacun de ces sept mortels, au moyen de ce pentagone, aura le pouvoir de connaître et communiquer véritablement avec l'être spirituel dont il possédera le chiffre, et il lui commandera, comme son supérieur, ainsi qu'à toute sa légion et hiérarchie.

»La retraite consommée et les Pentagones distribués, chacun des douze sages reçoit la première matière, avec la faculté d'en faire part à ceux qu'il préfère et et qu'il protège.

D.   Je vous supplie, pour compléter mon instruction, de me faire le détail du régime et de l'emploi des quarante jours pour la régénération ou l'immortalité physique.

R.   Il faut être accompagné d'un véritable ami et s'enfermer dans une maison de campagne, ayant une chambre dont les fenêtres soient au midi ; qu'il y ait deux lits dans cette chambre, et qu'ils soient dans une alcôve, afin que l'air extérieur n'y pénètre point. La personne qui devra être régénérée ne devant plus sortir de la chambre, son ami aura soin de faire à l'avance toutes les provisions nécessaires, soit pour la nourriture, soit pour la préparation de la grande matière.

» L'opération doit commencer dans la pleine lune de mai. La nourriture ne consistera, pendant les seize premiers jours, que dans des soupes légères et des herbages tendres, rafraîchissants et laxatifs. On commencera chaque repas par un liquide et on le finira par un solide : ce dernier doit être un biscuit ou une croûte de pain. Le liquide est de l'eau distillée, ou encore mieux de l'eau de la pluie de mai. Cette eau sera conservée dans des dames-jeanne ou grands pots de terre vernissés, et il sera bon qu'elle ait séjourné vingt-quatre ou quarante-huit heures dans une glacière, pour l'imprégner de la partie nitreuse. On s'en servira pour soupe, boisson, etc. ; on ne s'efforcera jamais de manger, et on sortira toujours de table avec un peu d'appétit. On proscrira de ce régime tout ce qui est aigre, salé, échauffant ou trop succulent, tels que les vins, les acides, les viandes fraîches ou salées, les herbes aromatiques, etc.

» Le dix-septième jour, au lever de l'aurore, on se fera tirer une palette de sang, et on commencera à prendre des gouttes blanches dans une ou deux cuillerées d'eau, cinq le matin et six le soir ; le lendemain matin sept, et huit le soir ; ainsi de suite, en augmentant toujours d'une goutte, matin et soir, jusqu'au trente-deuxième jour, que l'on se fera de nouveau tirer deux palettes de sang au crépuscule du soleil.

» Le trente-troisième jour, continuant le même régime, le malade se mettra au lit et n'en sortira plus. Il prendra dans l'eau de sa boisson un grain de la matière première et se couvrira exactement.

» Son ami sera prévenu qu'il perdra la connaissance et la parole pendant près de trois heures ; qu'il éprouvera une convulsion de nerfs violente ; que sa transpiration sera très abondante et qu'il aura une évacuation générale de toutes les parties de son corps.

» Étant revenu de son évanouissement et n'ayant plus de faiblesse, son ami l'essuiera bien et l'aidera à changer de lit, en prenant les plus grandes précautions pour qu'il ne prenne point d'air, ce qui est fort dangereux et très sévèrement défendu, soit dans le moment qu'on nettoie le malade, soit dans le temps de la transpiration. Le second lit de l'alcôve sera garni de draps et couvertures nécessaires ; il sera tout prêt et servira à y placer le malade, lorsqu'il faudra le changer. Son ami, l'y ayant couché, lui donnera un consommé qui sera le premier, et qui aura été fait avec une livre de bœuf, sans graisse ni os, et des herbes rafraîchissantes et laxatives, auxquelles on pourra joindre, pour donner un peu de tonique, du céleri, une pincée de baume et quelques feuilles de romarin.

» Le malade se trouvant en bon état, on lui redonnera le lendemain trente-quatrième jour, un second grain de la même matière dans une tasse de consommé. Le malade perdra de nouveau connaissance, et les convulsions seront beaucoup plus fortes que les précédentes ; mais lorsqu'elles cesseront, il jouira pendant six heures d'un sommeil doux et tranquille qui lui procurera une transpiration fort abondante. Son ami le veillera dans cet instant avec plus d'attention et de zèle que jamais, car le moindre air lui serait fort nuisible. Il lui essuiera de temps en temps le visage avec un linge fin ; les cheveux devant lui tomber et toute la peau se détacher, il faudra lui ôter son bonnet, s'il en a un, mais le plus doucement possible si son ami lui voit remuer la bouche, il lui mettra un de ses doigts dedans, pour faciliter l'expulsion des dents, qui tomberont toutes. Parmi les soins que lui donnera son ami, il faut qu'il ait celui de le laisser dormir sans le réveiller, tout le temps que la nature l'exigera. A son réveil le malade sera fort agité et aura une fièvre très violente, même avec délire. S'il a soif, on lui donnera de l'eau distillée ; s'il se sent faible, on lui fera avaler un consommé. Cet accès de fièvre durera environ six heures ; ayant cessé, on pourra le changer de lit et de linge. S'il ressent de fortes douleurs dans les gencives, on les lui frottera avec du baume liquide du grand-maître.

» Le trente-cinquième jour, le malade se sentira assez de force pour soutenir un bain ; on lui en fera prendre un le matin avec des herbes aromatiques et toniques. Il y restera une heure, pendant laquelle on lui jettera sans cesse sur la tête de l'eau du même bain. Ce bain sera de la chaleur du lait, ni chaud ni froid. En en sortant, il se mettra au lit et y restera toute la journée.

» Le trente-sixième jour, il ne fera point de remède, mais il gardera le lit.

» Le trente-septième jour, on lui donnera dans un verre de consommé ou, si la nature le demande, dans un excellent verre de vin vieux très stomachique, le troisième et dernier grain de la matière première. Le sommeil qu'il lui procurera sera très paisible et sans agitation ; il lui croîtra un nouveau poil, ses dents commenceront à repousser ; on sera très attentif à ne point troubler son repos et à le laisser se réveiller de lui-même ; lorsqu'il le sera, on lui fera prendre un second bain aromatique d'une heure, à la suite duquel on le fera mettre au lit pour aider à la nature, supposé qu'elle eût encore besoin de pousser par la transpiration. Dans le cas où le malade, après ce bain, se sentirait de l'appétit, on pourra lui donner une petite soupe.

» Le trente-huitième jour, on lui fera prendre pendant une heure un bain d'eau ordinaire, dans laquelle on aura fait dissoudre une livre de nitre. Après ce bain, le malade pourra s'habiller s'il le désire et faire un peu d'exercice, mais dans sa chambre et sans prendre l'air.

» Le trente-neuvième jour, on pourra lui donner le matin dix gouttes du baume du grand-maître dans deux cuillerées de bon vin rouge, et lui laisser la liberté de prendre un peu l'air, mais doucement et sans faire des efforts ni des exercices violents, jusqu'à ce qu'il ait repris ses forces et qu'il se soit accoutumé à l'air libre.

» Il remerciera Dieu de sa nouvelle création, et son ami et lui se feront mutuellement la promesse de garder le plus profond secret sur le mystère de cette régénération.

» Le quarantième jour il abandonnera la maison et prendra le parti qu'il jugera le plus convenable pour propager la vérité, pour anéantir le vice et pour étendre la gloire de l'Éternel.

» Il pourra, tous les cinquante ans, renouveler la même opération, jusqu'à ce qu'il plaise à Dieu de le retirer de ce monde et de l'appeler à lui, *per omnia saecula saeculorum.*

» Telles sont, ma sœur, les grandes et importantes instructions que le Grand Cophte, notre fondateur, a eu la bonté de me donner. Je les finirai comme lui, en vous répétant ses propres paroles.

» Aimez votre prochain de tout votre cœur ; respectez et chérissez ma loi ; remplissez scrupuleusement les devoirs qu'elle vous impose, et que votre union avec vos frères et sœurs soit inaltérable ; car m'étant assis au milieu de vous, je n'aurai jamais de plus grande satisfaction que celle de contribuer à votre bonheur éternel : le plus sûr moyen d'y parvenir est de suivre et garder ces derniers commandements. Exécutez-les et qu'ils vous soient sans cesse présents. *Fiat ut Deus* ! »

Tous ces détails, les extraits et les copies que nous avons donnés ont, sans doute, offert une idée exacte de l'ensemble du rite égyptien. Comment concevoir, après ce qu'on vient de lire, qu'une semblable institution ait pu avoir une sorte de succès dans la France et dans l'étranger ! Au reste, les oisifs des grandes villes, ordinairement crédules, adoptent facilement les nouveaux systèmes, lorsqu'ils sont présentés par des fripons adroits. N'avons-nous pas vu, en l'an 2, l'individu qui se faisait appeler Eteilla professer publiquement la magie à Paris, et ses cours affichés sur les murs de la capitale[33] ?

Si quelque lecteur doutait de l'authenticité de notre manuscrit, il pourrait consulter un ouvrage intitulé *Compendio della vita e delle gesta di Giuseppe Balsamo denominato il conte Cagliostro*, etc., in Roma 1791 ; in-8°. Il y trouvera non seulement un extrait des trois grades égyptiens et des cérémonies dont nous avons parlé, mais encore, au chapitre 3, page 166 et suivantes, des procès-verbaux entiers des opérations des pupilles et des colombes[34].

Cagliostro fut impliqué dans l'affaire du collier et mis à la Bastille ; sorti de cette prison d'état, il fut banni de France, et retourna à Londres, où il était en 1786. Là, il essaya, encore, de renouer avec ses anciens adeptes. Il voulut rétablir son rite égyptien ; il en donna avis au public par cette circulaire qu'il fit imprimer et répandre avec profusion.

« A tous les Maçons véritables, au nom de Jéhovah.

» Le temps est venu où doit commencer la construction du nouveau temple de Jérusalem. Cet avis est pour inviter tous les véritables Maçons de Londres de se réunir, au nom de Jéhovah, le seul dans lequel est une divine Trinité, de se trouver demain soir le 3 du présent 1786, sur les neuf heures, à la taverne de Reilly, grande rue de la Reine, pour y former un plan, et poser la première pierre fondamentale du véritable temple dans ce monde visible[35]. »

Poursuivi pour dettes, il quitta l'Angleterre, parcourut la Suisse et l'Italie, vint à Trente, d'où le prince évêque le fit chasser. Il eut la mauvaise idée de se réfugier à Rome, où il arriva en mai 1789 avec sa femme. L'inquisition ayant eu avis des tentatives que l'un et l'autre faisaient pour introduire la Maçonnerie égyptienne dans cette métropole du monde chrétien, les fit arrêter et conduire dans les prisons du Saint-Office. Cagliostro subit un procès la suite duquel il fut condamné

---

[33] *Aperçu sur la nouvelle école de magie établie à Paris le Ier juillet de l'an 2*, etc. Paris, 1790 ; in-8°. *Avis sur le Livre de Thot*, etc. Paris, 1789 ; in-8°.

[34] Cet ouvrage a été traduit en français. Voyez *Vie de J. Balsamo, comte de Caliostro*. Paris et Strasbourg, 1791 ; in-8°. — Maçonnerie égyptienne d'adoption (m s.) dont plusieurs personnes en France ont des copies. *Ein paar fræpslein, ans dem brunnen der Wahrheit.*, etc. ou quelques gouttes de la Fontaine de la vérité, versées devant le nouveau thaumaturge Cagliostro, etc., au promontoire, 1781 ; in-12. Testament de mort et déclarations faites par Cagliosiro, etc. Paris, 1791 ; in-8°, 44 pag. Lettre d'un garde du Roi, pour servir de suite aux Mémoires sur cagliostro. Londres, 1786 ; in-12, 64 pag. Cagliostro démasqué à Varsovie, etc., 1786 ; in-12, 62 pag.

[35] *Morning herald*, etc., novembre the second, 1786. *Cérémonies et coutumes religieuses*. Ed. Prudhomme, in-fol., tom. 10, pag. 393.

à mort par jugement du 21 mars 1791. Mais le avril suivant, Sa Sainteté, le pape Pie VI, commua la peine en une prison perpétuelle. Ce fourbe est mort au château Saint-Ange.

68

à mort par jugement du 21 mars 1791. Mais le avril suivant, Sa Sainteté, le pape Pie VI, commua la peine en une prison perpétuelle. Ce fourbe est mort au château Saint-Ange.

L'institution de l'association secrète connue sous le nom des Compagnes de Pénélope a été fondée pour faire suite à la société du Palladium, dont nous avons parlé dans la seconde partie de cet ouvrage.

Pour entrer dans cet Ordre, comme dans celui des Compagnons d'Ulysse, les dames doivent posséder des talents.

C'est sous l'égide et aux pieds de la statue de Minerve que la néophyte prête son serment ; la sagesse et les arts lui ouvrent leur sanctuaire, et tout, dans la réception, mène au double but que lui offre la divinité.

Conduite au sein des tombeaux des femmes célèbres, elle reçoit successivement des leçons de Pénélope, de Lucrèce, d'Artémise, etc. Puis traversant l'Élysée, elle y rencontre des compagnes et des compagnons occupés entre eux à la pratique de ces leçons. Ce séjour de bonheur s'offre à ses yeux, orné de tous les instruments des arts mécaniques ; elle y remarque des ouvrages commencés, et tout lui annonce que les occupations utiles, écartant l'oisiveté et la futilité, peuvent seules conduire à une félicité durable.

Là seulement commencèrent les épreuves morales. La fidélité, la constance, la force d'esprit sont mises à contribution avec autant de délicatesse que de grâces et d'esprit.

Enfin, la néophyte est admise avec des formes extrêmement aimables, et ses épreuves se terminent par cette utile leçon. « Connaissez maintenant, par tout ce qui vient de se passer, que les conseils et les exemples sont presque toujours insuffisants pour nous porter au bien ; que le travail est un remède contre les tentations ; que ce n'est jamais qu'à ses propres dépens qu'on apprend à agir, et que l'aveu de ses fautes ainsi que le repentir de les avoir commises sont les seuls moyens de les faire oublier ».

Cet article nous a été entièrement communiqué par M. le conservateur à vie des archives de la Loge Écossaise de Douay. « Le grade des Compagnes de Pénélope » (nous dit-il dans la lettre qui accompagne cette notice) n'a jamais été donné à Douay. Il n'existe aux archives que comme un monument de curiosité. »

Les formules d'admission dans la société des compagnes de Pénélope sont accompagnées de statuts rédigés à Lutèce et signés, dit-on, de la main de Fénelon.

On nous permettra de rejeter cette signature comme une supposition grossière de la part de l'auteur du manuscrit. Selon lui, l'institution a été fondée le 20 mai 1637 ; l'archevêque de Cambrai n'a donc pu composer ses statuts.

Il y a plus : c'est qu'en lisant attentivement et les règlements et les rituels des Compagnes de Pénélope comme ceux des Compagnons d'Ulysse, on verra qu'ils offrent, dans beaucoup de passages, des ressemblances frappantes avec les usages reçus dans la Franche-Maçonnerie, qui n'a été introduite en France qu'entre 1720 et 1725, et qu'il est impossible que M. de Fénélon ait employé, dans la rédaction de ces règlements, des expressions qui appartiennent exclusivement à l'association maçonnique, qui n'a été connue que plusieurs années après sa mort, arrivée en 1715.

Cet anachronisme n'a point échappé MM. les membres de la Loge de Douai, qui n'attachent à ces productions que l'importance qu'elles méritent et n'en garantissent point l'authenticité.

FIN de la troisième et dernière Partie

Table des matières